AF314718

V. BLASCO-IBAÑEZ

Alphonse XIII démasqué

La terreur militariste en Espagne

Traduit de l'espagnol par M. Jean Louvre

PARIS

ERNEST FLAMMARION, ÉDITEUR

26, Rue Racine, 26

Cinquantième mille

OUVRAGES PUBLIÉS DANS LA "COLLECTION BLEUE"

AJALBERT (Jean)
de l'Académie Goncourt
Au cœur de l'Auvergne..... 7 »

BEAUNIER (André)
Au service de la déesse. Essais de critique........ 7 »

BLASCO-IBAÑEZ (V.)
Alphonse XIII démasqué. La terreur militariste en Espagne. Traduit de l'espagnol par Jean Louvre (50ᵉ mille). 3 »

BRADI (Lorenzi de)
La vraie Colomba.......... 5 »

COLETTE
Aventures quotidiennes (12ᵉ mille)........... 8 »

CYRIL (V.) et Dʳ BERGER
La "coco", poison moderne. 7 50

DAUDET (Alphonse)
Pages inédites de critique dramatique (1874-1880).... 8 »

DAUDET (Lucien)
L'Inconnue (L'Impératrice Eugénie)................. 7 »

DROIN (Alfred)
M. Paul Valéry et la tradition poétique française........ 5 »

ERNEST-CHARLES (J.)
La passion criminelle. Drames d'amour et de jalousie.... 7 »

FARRÈRE (Claude)
Mes voyages (La promenade d'Extrême-Orient)........ 7 50

FISCHER (Max et Alex)
Dans deux fauteuils (Notes et impressions de théâtre).. 7 50

FONCK (Capitaine René)
Mes combats. Préface du Maréchal Foch (15ᵉ mille). 7 »

FRANK (Bernard)
Le carnet d'un enseigne de vaisseau (Souvenirs de la vie de patrouille). Préface de M. Robert de Flers, *de l'Académie française*..... 6 »

GERVEX (Henri)
de l'Institut.
Souvenirs, recueillis par Jules Bertaut......... 7 50

GILLARD (Georges)
Le livre de la femme et de l'amour. Aphorismes et réflexions des plus notoires romanciers contemporains. 7 50

HERMANT (Abel)
La vie littéraire (Première série)................. 7 »

KEUN (Odette)
Au pays de la Toison d'or (En Géorgie menchéviste indépendante)............ 7 »

MARGUERITTE (Victor)
Au bord du gouffre (Août-Septembre 1914) avec 8 plans (43ᵉ mille).......... 8 »

MAYBON (Albert)
Le Japon d'aujourd'hui..... 7 50

PARDIELLAN (P. de)
Nos ancêtres sur le Rhin... 5 »

TÉRY (Simone)
En Irlande. De la guerre d'indépendance à la guerre civile (1914-1923)......... 7 »

Alphonse XIII démasqué
La terreur militariste en Espagne

DU MÊME AUTEUR

Chez le même éditeur :

LA CITÉ DES FUTAILLES (La Bodéga), roman (trad. par Renée Lafont).

LA TRAGÉDIE SUR LE LAC, roman (trad. par Renée Lafont).

LES MORTS COMMANDENT, roman (trad. par Berthe Delaunay).

CONTES ESPAGNOLS D'AMOUR ET DE MORT (trad. par F. Ménétrier).

Chez d'autres éditeurs :

TERRES MAUDITES (trad. par G. Hérelle).

FLEUR DE MAI (trad. par G. Hérelle).

DANS L'OMBRE DE LA CATHÉDRALE (trad. par G. Hérelle).

ARÈNES SANGLANTES (trad. par G. Hérelle).

LA HORDE (trad. par G. Hérelle).

LES QUATRE CAVALIERS DE L'APOCALYPSE (trad. par G. Hérelle).

L'INTRUS (trad. par Renée Lafont).

LES ENNEMIS DE LA FEMME (trad. par A. de Bengoechea).

LA TENTATRICE (trad. par A. de Bengoechea).

MARE NOSTRUM (trad. par Marcel Thiebaud).

E. GREVIN — IMPRIMERIE DE LAGNY

V. BLASCO-IBAÑEZ

Alphonse XIII démasqué

La terreur militariste en Espagne

Traduit de l'espagnol par M. Jean Louvre

PARIS
ERNEST FLAMMARION, ÉDITEUR
26, RUE RACINE, 26

NOTE DE L'ÉDITEUR

L'édition originale de l'œuvre de Blasco-Ibañez que nous publions ici a été tirée en langue espagnole — à l'intention de l'Espagne et des Républiques américaines de langue espagnole — à deux millions d'exemplaires.

En même temps que cette édition française est aujourd'hui mise en vente en France, paraît à Londres et à New-York une édition en langue anglaise.

Alphonse XIII démasqué
La terreur militariste en Espagne

I

LA TYRANNIE MILITAIRE

Depuis des années, je vis loin de la politique de mon pays ; mais la situation actuelle de l'Espagne m'oblige à renoncer à ma retraite et à participer de nouveau à des luttes que je croyais avoir abandonnées pour toujours.

Je dois reconnaître que je n'ai pas été sans hésiter longuement avant d'adopter une telle résolution. Une existence d'isolement et de travail convient mieux à mes goûts d'homme de lettres. Mais je considère comme un devoir de reprendre la lutte.

L'Espagne, aujourd'hui, est une nation qui vit sous le joug. Elle ne peut parler : elle a un bâillon sur la bouche. Elle ne peut écrire : elle a les mains liées. Si le peuple ne descend pas dans la rue pour protester contre cet esclavage, c'est qu'un instinct de conservation naturel et légitime l'en empêche. Une armée qui a en mains tous les moyens de destruction modernes tient le pays sous sa botte et il est facile, à coups de fusils et de mitrailleuses, de réduire au silence une foule sans défense.

Quand je dis « armée », je n'emploie d'ailleurs pas le mot propre. Depuis la Grande Guerre, qui fut une guerre de peuples, en prononçant le mot « armée », on songe à une « nation armée », à l'ensemble même des citoyens d'un pays, qui, sans distinction d'opinions ou de classes, ont pris les armes pour sa défense. En Espagne, l'armée est une caste à part, une classe sociale du genre de celle qui existait au xviii° siècle sous les premiers rois de Prusse. Certes, le service militaire est obligatoire, mais quand il s'agit du soldat, non quand il s'agit de l'officier. Les officiers sont des militaires de profession, qui se considèrent comme des êtres d'une essence spéciale et jugent qu'ils n'ont rien de commun avec les civils, c'est-à-dire avec l'ensemble des citoyens qui composent la nation.

Il en résulte que le pays ne se sent pas une grande sympathie pour son « armée »; celle-ci, en réalité, n'a rien de national et constitue plutôt une sorte d'organisation prétorienne à la dévotion de la monarchie. Les faits l'ont récemment démontré. Cette armée qui absorbe la plus grande partie des ressources du pays, et dont on

célèbre officiellement l'héroïsme avec plus de vé-
hémence qu'on ne le fît jamais pour les conqué-
rants les plus célèbres de l'histoire, est infailli-
blement mise en déroute dès qu'elle entreprend
une opération hors du pays. Ce n'est pas que les
soldats qui la composent manquent de courage.
La raison de cette perpétuelle défaite est l'organisation spéciale de cette armée... Ce n'est pas l'armée de l'Espagne, c'est l'armée du roi.

Ou plutôt, c'est sa gendarmerie. Ses seules victoires, elle les a remportées dans la rue, en bra-
quant ses mitrailleuses sur de braves gens qui
n'avaient même pas un canif dans leur poche.

Voilà plus d'un an que l'Espagne n'a plus la
possibilité de parler, plus d'un an qu'elle vit en
Europe comme une femme emprisonnée dans
une chambre matelassée, hors de laquelle on ne
peut entendre ses cris. L'Espagnol ne peut écrire :
les journaux, avant d'être imprimés, passent par
la censure préalable du Directoire militaire. Lire
un journal espagnol, c'est lire simplement la littérature de Primo de Rivera, auteur extravagant,
bouffon tragique.

Même dans les périodes de réaction les plus
marquées, le livre a été respecté en Espagne. La
censure n'existait pas. Un écrivain pouvait faire
connaître ses idées en toute liberté. Le Directoire militaire a eu recours à un procédé hypo-
crite pour empêcher la pensée de s'exprimer librement par le moyen du livre. Sous prétexte de
détruire une certaine littérature licencieuse qui

existe en Espagne — comme partout ailleurs —
il a ordonné aux imprimeurs, en les menaçant
des peines les plus sévères, de ne jamais publier
un livre sans une autorisation visée et signée par
les généraux du Directoire ou leurs acolytes.

Pour combattre la littérature licencieuse, il suf-
fisait de s'en prendre à un ou deux éditeurs sans
scrupules, de leur infliger des amendes et de
courts emprisonnements. Cela, tout le monde le
sait en Espagne. Mais ce que veut le militarisme,
c'est réduire en esclavage les écrivains espagnols.
Quant au délai dans lequel l'autorisation de publier un livre devrait être donnée, quant aux
garanties accordées aux auteurs, les maîtres actuels de l'Espagne n'en ont rien dit. Le savant
qui a écrit un traité de mathématiques ou de philosophie doit le soumettre au capitaine ou au colonel chargé de la censure. Celui-ci, prétextant
ses abondantes occupations, peut attendre de
longs mois avant d'accorder son autorisation ; de
telle sorte que la pensée est soumise au caprice
du censeur et qu'un livre qui ne sert pas les intérêts du Directoire peut rester indéfiniment inédit.

Durant tout le XIXe siècle, il n'y a pas un pays
d'Europe occidentale qui ait connu une situation
semblable à celle de l'Espagne aujourd'hui.
Seule la Russie des tsars, aux temps les plus trou-
blés de son histoire, a pu offrir ce spectacle de
généraux cruels et illettrés, de généraux brail-
lards et grotesques asservissant tout un pays et
tuant sa pensée.

Il y a quelques mois, lorsque je revins d'un voyage que j'avais entrepris autour du monde, je demeurai stupéfait, en voyant les excès de cette tyrannie absurde.

Je dois au hasard — plus sans doute qu'à mes mérites — d'être connu dans un grand nombre de pays et d'avoir des lecteurs un peu partout. Des milliers de compatriotes résidant en Europe et en Amérique m'ont écrit pour me demander de prendre la parole, d'user de tous les moyens de diffusion dont je puis disposer pour faire connaître au monde la honteuse situation de l'Espagne.

Je ne puis garder plus longtemps le silence. Au moment où l'on empêche les Espagnols d'élever la voix, je parlerai pour eux, et quelles que puissent être les conséquences, je dirai la vérité, la vérité entière.

Il me serait facile de n'attaquer que les généraux du Directoire qui tyrannisent aujourd'hui l'Espagne. Tous mes concitoyens, sans distinction de parti, finiraient par trouver mon rôle fort sympathique. Lorsque, à une date prochaine, le Directoire tombera et que le régime constitutionnel se rétablira en Espagne, je pourrais ainsi rentrer dans mon pays avec des airs de triomphateur. Mais mes attaques, sous cette forme limitée, seraient insuffisantes et même injustes.

Ces généraux ne sont que les figurants d'une triste aventure, des bavards qui ont conclu une alliance perpétuelle avec la défaite.

Je veux accuser le véritable auteur des malheurs de l'Espagne.

Et je me souviens ici des ordres que donnaient autrefois les amiraux à leurs artilleurs, au temps des bateaux à voiles :

— Ne tirez pas sur la mâture ! Tirez sur la coque !

La mâture, en l'espèce, ce sont les généraux du Directoire, soldats d'opérette ou de drame policier. La coque, c'est le roi.

Oui, moi Espagnol, je le déclare dès le début : par patriotisme, pour l'honneur national, j'accuse Alphonse XIII.

II

LES DEUX VISAGES DU ROI

Le roi d'Espagne a été, durant quelques années, considéré par l'opinion internationale comme un personnage sympathique : sa jeunesse, sa facilité de parole, une certaine intrépidité allègre de jeune officier lui valurent d'être aimé du peuple qui le voit de loin et ne le juge que sur les apparences.

Mais les années ont passé sans faire un homme de ce roi. Il est semblable à ces enfants prodiges qui, par leur précocité même, attirent l'attention.

Ces enfants, si leur évolution ne se fait pas de manière satisfaisante, deviennent des hommes insupportables et dangereux, par l'insuffisance de leur intelligence figée et par la prétention de tout savoir que leur ont inspirée les succès faciles et les flatteries exagérées.

Alphonse XIII est un Bourbon d'Espagne qui a tous les défauts de son bisaïeul Ferdinand VII. Celui-ci, à force de ruses, de parjures, d'astuce et de trahisons, était capable de troubler, de désorienter le cerveau puissant de Napoléon. Le bisaïeul d'Alphonse XIII, dans le temps même où il abandonnait spontanément à Napoléon la couronne d'Espagne, se faisait passer auprès de ses sujets pour un infortuné prisonnier des Français. On comprend l'erreur de Napoléon. Jugeant le peuple espagnol par les rois misérables qu'il acceptait, il croyait avoir affaire à une nation avilie et sans courage : c'est ainsi qu'il entreprit une conquête qui devait lui être fatale. Si, pour juger aujourd'hui le pauvre peuple espagnol, on ne considérait que la personne de son roi actuel, on commettrait une pareille méprise.

Ferdinand VII, durant sa longue histoire, parla toujours bien et agit toujours mal. Cependant beaucoup de ses contemporains l'admirèrent dans sa jeunesse, voyant en lui un monarque sympathique qui parlait avec facilité et esprit. Quand il eut obtenu de Louis XVIII l'envoi de ces « cent mille fils de saint Louis » qui vainquirent les libéraux espagnols et le replacèrent sur son trône de souverain absolu, il marqua sa satisfaction en rétablissant l'Inquisition et en faisant fusiller un grand nombre de libéraux.

A l'égard de ceux qui soutenaient sa cause, Ferdinand VII ne témoigna ni de plus de bonté, ni de plus de loyauté. Il se moquait également des uns et des autres. En Espagne, un seul homme comptait : le roi ; le reste de la population n'était qu'un misérable troupeau. Il excitait les absolutistes contre les libéraux ; si ces derniers avaient le dessus, il les poussait à massacrer ces hommes mêmes qu'il avait déterminés à se soulever.

Les Espagnols clairvoyants raillaient ce Tibère au nez bourbonien et au visage joufflu. « Gros-nez, face-de-gâteau. » Il connaissait fort bien ce surnom que lui avaient donné les libéraux ou « noirs » et les « blancs », c'est-à-dire les absolutistes, mécontents de sa déloyauté. Certains de ses intimes racontent que lorsqu'il se trouvait dans son palais, il prenait parfois sa guitare pour se distraire et fredonnait cette chanson :

> Gros-nez, face-de-gâteau,
> Les blancs et les noirs, il les aura...

Et effectivement, durant le règne de Ferdinand VII, innombrables furent les blancs et les noirs qui périrent victimes de ses diaboliques machinations. Ce Bourbon, je le répète, fut, dans sa jeunesse, aussi sympathique, aussi aimable que son arrière-petit-fils Alphonse XIII. Aussi, durant ces dernières années, a-t-on commencé, en Espagne, à rappeler son souvenir, la comparaison entre le roi d'aujourd'hui et son bisaïeul venant facilement à l'esprit.

— Il vaut Ferdinand VII, disent beaucoup de ceux qui l'ont étudié de près et même furent ses ministres.

— Pardon, riposta un jour un des personnages les plus en vue de la politique conservatrice en Espagne. C'est Ferdinand sept... et demi.

Si l'on parle d'Alphonse XIII, une comparaison avec Guillaume II s'impose aussitôt à l'esprit. Au théâtre, on voit parfois passer au fond de la scène un figurant qui singe les manières du protagoniste de la pièce ; c'est ainsi qu'Alphonse XIII a toujours copié, reflété la personne de Guillaume II.

Il existe en Catalogne un fabricant de champagne espagnol qui se nomme Codorniu. Son vin, qui n'est pas mauvais, est l'objet de toutes les railleries car on le compare au champagne français, et cet infortuné liquide est devenu le symbole de toutes les imitations plus ou moins grotesques. D'un médiocre poète on dit, par exemple : « C'est Victor Hugo Codorniu », d'un mauvais général : « Napoléon Codorniu », etc... Alphonse XIII, quelques années avant la guerre, avait été surnommé : « Le Kaiser Codorniu. »

Le vieil empereur et le jeune roi se détestaient cordialement, en comédiens d'origines et d'âges différents qui prétendent jouer le même rôle. Ils

étaient de nature identique : même souci de cabo-
tinage, même désir passionné d'attirer l'attention, d'intervenir en tout, de diriger tout, de
prononcer des discours, de se croire désignés
pour les manifestations les plus brillantes de la
vie.

Même goût pour les déguisements. A deux
heures de l'après-midi, Alphonse XIII s'habille
en amiral, à trois heures en hussard de la Mort,
à quatre heures en lancier. Il n'est heure du jour
où on ne le voie apparaître avec un nouvel uniforme. Les vêtements militaires ne lui suffisent
pas d'ailleurs : il s'habille en clown pour jouer
au polo et atteint ainsi parfois un tel ridicule
qu'en certaines circonstances on a dû interdire
aux journaux illustrés de Madrid de reproduire
les photographies de Sa Majesté ; on craignait que
certains costumes de son invention ne donnas-
sent à rire. Il est indiscutable qu'Alphonse XIII
a toujours exécré Guillaume II. Deux nuages
chargés de la même électricité se repoussent :
pareillement une haine violente a toujours existé
entre ces deux histrions royaux.

Guillaume II a toujours refusé de prêter son
appui à certains familiers et conseillers d'Alphonse XIII, qui rêvaient d'anéantir la République du Portugal et de créer un empire ibé-
rique, afin que l'arrière-petit-fils de Ferdinand VII pût se donner des airs d'empereur.

De son côté Alphonse XIII a fait tout ce qu'il
a pu pour être désagréable à son impérial

maître... jusqu'au jour du moins où la guerre éclata.

Alphonse XIII était le fils d'une Autrichienne et bien que, au temps de son adolescence, il eût joué au collégien espiègle qui désobéit aux ordres de sa maman, la reine-mère n'en avait pas moins, au cours des années, regagné sur lui une grande influence, et, avec elle, toute sa cour d'archiducs ruinés et de supérieurs d'ordres religieux.

Enfin, si Alphonse XIII détestait la personne même de Guillaume II, il avait toujours admiré sa politique et approuvé ses tendances absolutistes. Il l'a bien prouvé récemment en détruisant le régime constitutionnel et en favorisant le triomphe de la dictature militaire.

Habile comédien, tout comme son bisaïeul Ferdinand VII qui trompa Napoléon, Louis XVIII et même les plus dévoués de ses propres partisans, Alphonse XIII passa quatre années à mentir aux belligérants et à leur faire croire, aux uns comme aux autres, qu'il était à leurs côtés. Mais il ne put y avoir de doute sur ses sympathies réelles.

Alphonse XIII a été germanophile, comme sa mère et toute sa cour. Et il ne l'a pas prouvé seulement, on le verra, en se permettant à l'égard de la France les mots les plus ironiques et les plus durs... Lui, qui a toujours été le véritable maître de l'Espagne, qui n'a jamais fait que ce qu'il a voulu, jouait à la victime. Son amour pour la France l'exposait, disait-il, à de grands dangers, il était entouré d'ennemis. On l'a entendu déclarer un jour :

— En Espagne, en fait de francophiles, il n'y a que moi et la canaille.

Et penser qu'il y a eu en France de pauvres sots pour répéter et admirer cette phrase d'une cruelle ironie ! La canaille, c'était nous, les écrivains, les professeurs de l'Université, les artistes, tous les intellectuels espagnols, qui avons été aux côtés des Alliés dès le premier jour.

Sais doute, aux yeux de l'arrière-petit-fils de Ferdinand VII, les gens distingués étaient représentés par l'aristocratie, ignorante et dévote, par la populace des campagnes, réactionnaire et féroce, qui applaudissait aux crimes commis par les Allemands et au torpillage des sous-marins.

Je ne connais pas personnellement Alphonse XIII. Jamais je n'ai voulu lui être présenté. Mais depuis des années, je l'observe avec l'intérêt que ressent un romancier qui étudie un document humain.

Ai-je assez souffert, pendant la guerre, de ne pouvoir m'exprimer librement, de ne pouvoir dire aux alliés quel était cet homme qui se prétendait leur ami... leur seul ami, avec « la canaille » ? Mais révéler la vérité à cette époque, c'eût été provoquer un inutile scandale, dont seuls les Allemands eussent pu se réjouir. D'ailleurs, les hommes d'État français savent aussi bien que moi quelle sorte d'ami fut

Alphonse XIII. S'ils pouvaient faire connaître certaines notes, certains documents secrets qui existent dans leurs archives !

Mais le moment est venu de parler tout au moins de ce qui est public — quoique bien des gens l'ignorent complètement — et de dire la vérité, afin que cet homme retors et fourbe ait dans l'histoire la place à laquelle il a droit.

Les Bourbons d'Espagne ont toujours eu une sorte de talent diabolique pour tourner les obstacles et ne jamais cesser d'imposer leur volonté. Les desseins les plus violents, ils les dissimulent sous des apparences cordiales et paternelles. Ferdinand VII, qui fit fusiller des centaines de libéraux, ordonnait ces exécutions « pour le bien de la patrie ». Aussi les foules imbéciles voyaient-elles en lui un père.

L'amour du pouvoir absolu n'annihile pas chez Alphonse XIII le sentiment de la prudence. Il aime se donner l'air d'agir à l'instigation de ceux qui l'entourent. Ainsi, en cas de désastre, il peut livrer au châtiment ses prétendus conseillers et se faire passer lui-même pour innocent. Jusqu'à la dernière minute, il refusa de croire au triomphe des Alliés ; mais comme il était le voisin de la France, il ne voulut pas se déclarer contre elle.

Pour pouvoir favoriser la politique germanophile, il commença par chercher un « alibi » : ce fut l'office qu'il organisa au palais pour l'échange des prisonniers. Quelques tables et quelques employés lui permirent de se donner des airs de roi providentiel et bienfaisant : il fit en petit, mais avec une énorme réclame, ce que faisaient avec moins de bruit, mais sur une plus grande échelle, la Croix-Rouge et d'autres sociétés de bienfaisance suisses... S'il s'en fût tenu là, il mériterait des éloges, encore qu'un peu moins enthousiastes que ceux que lui ont décernés ses adulateurs. Grâce à son intervention, des soldats français, des belges, des allemands, des autrichiens ont pu regagner leurs pays... Mais au moment même où, officiellement, ostensiblement, il s'occupait de ces échanges, le roi travaillait, avec une persévérance bien plus grande et beaucoup moins de publicité, à favoriser les opérations navales allemandes sur les côtes de l'Espagne.

Pendant trois ans, les sous-marins allemands se sont ravitaillés dans les ports espagnols, de la manière la plus cynique, sous les yeux de tous nos marins. A l'embouchure de l'Èbre, près de Tortosa, de vieux ports presque complètement abandonnés, où ne venaient plus que de rares pêcheurs, ont servi de refuge aux sous-marins de l'Allemagne. Un Allemand, le baron de Rolland, travaillait à Barcelone, avec la plus magnifique impudence, à ravitailler les sous-marins en essence. Il avait sous ses ordres une bande de malfaiteurs occupés à terroriser tous ceux qui eussent pu songer à dénoncer ses actes. Un commissaire de police, du nom de Bravo Portillo, qui depuis a été assassiné à Barcelone, tirait parti de ses fonctions officielles en avertissant le baron lorsque des navires alliés quittaient le port. Le baron, à son tour, avertissait les sous-marins par ses postes de télégraphie sans fil qui fonctionnaient en toute liberté.

En apparence, Alphonse XIII s'occupait d'échanger des prisonniers français et anglais contre des prisonniers allemands et autrichiens. Fort bien ! Mais en même temps, il était la cause de centaines de morts, car il laissait les sous-marins allemands évoluer en toute liberté. Rares étaient les semaines où ceux-ci ne torpillaient pas, dans les eaux espagnoles, sous les yeux de gens accourus sur le rivage, des navires de commerce français et anglais.

Ces navires, confiants en la loyauté de la monarchie espagnole, longeaient le littoral. Ils croyaient que le roi défendrait la neutralité de ses eaux, et par là, ils s'exposaient aux pires dangers, puisque les sous-marins allemands avaient leurs bases dans de petits ports de la côte et comptaient, dans les principales villes du littoral, de nombreux agents que le gouvernement tolérait et que le bas personnel de la police soutenait.

Un jour, les voyageurs de l'express Valence-Barcelone, dont la ligne suit la côte, purent voir de leurs wagons, au début de l'après-midi, un sous-marin allemand attaquer un vapeur allié qui se trouvait tout près du rivage.

La douce et poétique Méditerranée rejetait toutes les semaines sur les plages des centaines de cadavres. Je possède, tout près de Valence, une maison appelée la Malvarrosa. Comme je suis resté à Paris durant les cinq années de guerre, travaillant à la propagande en faveur des Alliés, mes amis eurent l'occasion de m'envoyer un grand nombre de lettres : toutes parlaient des horribles trouvailles que l'on faisait chaque matin sur le sable de la plage. Devant le perron de la maison, gisaient des cadavres que le séjour prolongé dans la mer avait gonflés : pauvres corps déchirés par les explosions, par les morsures des poissons, corps de femmes et d'enfants français qui se trouvaient à bord de vaisseaux venant d'Algérie, corps de marins des navires alliés employés à transporter des marchandises ou des matières premières. Tous avaient été à la mort, en se fiant à la neutralité espagnole, à la loyauté de ce roi perfide.

A la même époque, les industriels espagnols qui fabriquaient du matériel de guerre pour les alliés se trouvaient exposés aux plus grands dangers. Ce fut à Barcelone que l'on travailla le plus pour l'armée française : on y fabriquait des pièces d'armement détachées, des chaussures, des étoffes, etc... Les Allemands, afin d'effrayer les fabricants espagnols qui travaillaient pour la France, organisèrent une troupe de bandits chargés de lancer des bombes dans les usines et d'assassiner, si possible, les propriétaires. Ces épi-

sodes, qui ont l'air empruntés à des romans de
Ponson du Terrail, sont authentiques. Le chef de
la bande était un certain baron de Koenig. A vrai
dire, tandis que le baron de Rolland, chargé du
ravitaillement des sous-marins allemands, était
un noble authentique, le baron de Koenig était
un ancien garçon d'hôtel, un personnage rocam-
bolesque qui s'était poussé à force d'assassinats.
La bande du baron Koenig accusait les anar-
chistes et les terroristes d'être les auteurs des
crimes qu'elle commettait. C'est ainsi qu'elle tua
M. Barret, industriel en même temps que professeur à l'Université de Catalogne, un partisan en-
thousiaste des Alliés, qui faisait travailler dans
ses ateliers pour l'armée française. Et s'ils n'as-
sassinèrent pas un plus grand nombre d'industriels ententophiles, c'est que ceux-ci prirent de
grandes précautions.

Le commissaire de police Bravo Portillo agissait d'accord avec le prétendu baron Koenig, ce
qui assurait à ce dernier une complète impunité.
De plus, cet étrange policier fournissait à son
complice des renseignements de toutes sortes.

Lorsque la guerre fut terminée, ce bandit allemand, se trouvant sans occupation, offrit ses services et ceux de sa bande à certains industriels
réactionnaires, particulièrement combatifs de nature : plusieurs ouvriers, coupables d'avoir organisé des grèves, furent assassinés par ces bandits.
De ce jour date l'ère d'assassinats et de repré-
sailles entre les deux partis, qui dure encore au-

jourd'hui et qui, bien qu'un certain apaisement soit momentanément venu, recommencera peut-être demain. Mais ceci est une autre histoire, revenons au roi.

Jamais Alphonse XIII ne fit rien pour empêcher les prouesses que les Allemands accomplissaient dans son royaume sur terre et sur mer. Et, pour s'excuser par anticipation, il trouva la phrase « moi et la canaille sommes les seuls francophiles d'Espagne », qui donnait à penser qu'il n'était plus roi que de nom, qu'il n'avait plus aucun pouvoir, qu'en Espagne tout le monde se moquait de lui, le pauvre francophile.

Il en a menti. Pour le malheur de l'Espagne, il a toujours fait ce qu'il a voulu. Tout récemment, il lui a plu d'anéantir la constitution, de revenir à l'absolutisme intégral : en appelant à lui les généraux courtisans, il a agi en parfaite connaissance de cause. S'il avait voulu intervenir en faveur des Alliés ou simplement observer une neutralité armée, il eût pu le faire en 1914, sans aucun obstacle et même avec l'approbation d'une grande partie du pays. A ce moment-là, il n'avait pas encore commencé ses terribles fantaisies militaires du Maroc ; on le considérait comme un garçon étourdi mais sympathique, et il conservait encore un certain prestige. Une initiative en faveur des Alliés n'eût donc rencontré aucun obstacle. Mais il préféra, en toute connaissance de cause, laisser les Allemands agir librement en Espagne et, ce qui est plus grave, il empêcha ses

ministres d'entreprendre quoi que ce fût pour
mettre un terme à l'insolence allemande.

En 1918, il se forma en Espagne un ministère
de conciliation nationale où se trouvaient grou-
pées des personnalités appartenant à divers partis
politiques. M. Dato, ministre des Affaires Étran-
gères, fut chargé par ses collègues d'envoyer une
note au gouvernement de Berlin pour protester
contre l'usage que les sous-marins allemands faisaient des ports espagnols, et contre les exploits
des pirates. Cette note eut pour résultat de démas-
quer le roi, dans des conditions qui ne laissèrent
pas de stupéfier ses ministres.

L'ambassadeur d'Espagne à Berlin était un certain M. Polo de Bernabe, grand admirateur du
kaiser. Cet homme tremblait d'émotion de se voir
reçu familièrement, lui et sa femme, par l'empereur et l'impératrice. Aussi garda-t-il pour lui
la note du gouvernement et refusa-t-il de la présenter. M. Dato, indigné d'un tel silence, lui
envoya de nouveau l'ordre de remettre la note.
L'ambassadeur lui fit alors la réponse la plus
fantastique qu'ait jamais enregistrée l'histoire
de la diplomatie :

— La note est trop forte, dit-il, et je ne veux
pas la remettre à l'empereur. Cela lui ferait du
chagrin et c'est un si brave homme !

Le gouvernement, qui avait pressenti dès le début que le roi Alphonse XIII devait être mêlé à
l'affaire — sinon l'attitude de l'ambassadeur eût
été incompréhensible — prépara un décret rele-

vant M. Polo de Bernabe de ses fonctions pour refus d'obéissance à ses supérieurs, et présenta le décret au roi.

Alphonse XIII refusa de le signer et fit une réponse qui ressemblait à celle de son ambassadeur :

— J'apprécie beaucoup mon représentant à Berlin et je ne veux pas lui faire la peine de signer sa destitution.

On voit que le roi, qui n'est pourtant qu'un monarque constitutionnel, considérait les ambassadeurs et les ministres comme des représentants de sa personne et non de la nation espagnole. Il réglait les affaires directement avec eux sans se soucier de ses ministres responsables, et en agissait de même d'ailleurs avec les généraux auxquels il donnait ses instructions sans passer par le ministère de la Guerre, ainsi que l'exige la constitution.

Un autre fait : au cours de la guerre, Alphonse XIII, qui désirait être considéré comme une autorité en matière militaire (toujours Guillaume II !), s'entretenait fréquemment de la marche des opérations avec l'attaché militaire de l'ambassade de France à Madrid ; puis il avait des conversations du même genre avec l'attaché militaire de l'ambassade d'Allemagne. Mais, un jour, les Français étant arrivés à découvrir la clef dont l'ambassade d'Allemagne à Madrid faisait usage, purent lire les dépêches qui étaient envoyées par télégraphie sans fil à Berlin. Ce lut grâce à cette clef, soit dit en passant, qu'ils découvrirent l'existence et les trahisons de la danseuse espionne Mata-Hari.

Les Français remarquèrent vite que l'attaché allemand de Madrid transmettait à son gouvernement beaucoup de renseignements d'un caractère extrêmement confidentiel que l'attaché français avait communiqués à Alphonse XIII. Pour lever les derniers doutes, le dit ttaché donna au roi quelques informations fausses qu'il prétendit avoir reçues de son gouvernement. Quelques heures après, l'ambassade d'Allemagne de Madrid transmettait ces fausses nouvelles à Berlin.

Inutile de dire que les Français cessèrent de faire des confidences à Alphonse XIII. Je n'affirme pas que le roi, en la circonstance, faisait sciemment de l'espionnage, qu'il avait le dessein de trahir une nation qu'il déclarait « amie » ; mais l'incident suppose pour le moins une abominable légèreté, une absence totale de pondération, une tendance à traiter les affaires de l'État avec autant de désinvolture que les conversations de la Potinière, à Deauville.

Tant que dura la guerre, les agents allemands et leurs bandes tentèrent — en vain d'ailleurs, — de terroriser les partisans des Alliés et ravitaillèrent les sous-marins. Un jour on vit des Allemands installer non loin de l'entrée du port de Valence des espèces de radeaux. « Ce sont des appareils pour étudier la force des vagues et la possibilité de les utiliser », expliquèrent-ils. Ces espions déguisés en savants se préoccupaient de ces paisibles études en pleine guerre et considéraient que, dans toutes les mers du globe, aucun endroit n'était plus propice à leurs travaux que le paisible golfe de Valence, à mi-chemin entre Marseille et Alger. Sous prétexte d'examiner leurs appareils, ils s'embarquaient à toute heure du jour dans des canots automobiles qui leur appartenaient. Inutile de dire que ces appareils étaient simplement des caissons remplis d'essence, et servaient à ravitailler les sous-marins. Il y eut de nombreuses protestations contre ces étranges savants et leurs mystérieuses recherches. Voix perdues au milieu du désert ! Qui en eût tenu compte alors que tout le monde en Espagne était convaincu que le roi était allemand ? Nous, les francophiles, n'attachions nullement foi à ses déclarations en faveur de l'Entente. Comment eussions-nous pu le croire, alors que nous ne lui avions jamais vu accomplir un seul geste sérieux en faveur des Alliés ? Par contre, de toutes parts, nous voyions des preuves de sa complicité avec les Allemands.

Alphonse XIII, Primo de Rivera et tant d'autres fantoches costumés en généraux, ne furent francophiles qu'en 1918, lorsque le triomphe des Alliés leur parut inévitable et imminent.

Ce n'est pas à moi qu'il faut en remontrer sur ce chapitre. Durant les premiers mois de la guerre je me suis trouvé seul avec une dou-

zaîné d'amis espagnols pour défendre publiquement la cause française ; en 1915, je faillis
être assassiné à Barcelone par les bandes de scélérats qui « travaillaient » là pour le compte des
Allemands ; je me suis vu finalement « invité »
par le gouvernement, avec une sollicitude quelque peu suspecte, à sortir le plus tôt possible
de ma patrie, parce que j'y étais revenu pour y
parler en faveur d'une neutralité loyale. Et voici
qu'Alphonse XIII et Primo de Rivera déclarent
qu'ils sont les amis des Alliés. Laissez-moi rire !

En restant muet au début de la guerre, Primo
de Rivera et les autres généraux ont vraiment
laisé échapper une belle occasion. Ils eussent
rendu un véritable service aux officiers supérieurs espagnols en prenant la parole à cette
époque.

Des centaines, ou des milliers de généraux qui
existent en Espagne, quelques-uns seulement
firent preuve dès le premier jour, dans leurs
commentaires des opérations, d'un jugement
impartial et indépendant. Quant aux autres généraux, leur attitude fut simplement méprisable.

Un grand nombre de généraux, amateurs d'é-
meutes et de coups d'État, vivant aujourd'hui
dans l'ombre du Directoire, firent des déclarations sur la bataille de la Marne. Ce sont des
documents que je conserve. Avec quel éclat, ô
grand Flaubert, n'eussent-ils pas figuré dans ton
Dictionnaire de la bêtise humaine !

III

LES PETITES ET LES GRANDES AFFAIRES DU ROI

Tant qu'Alphonse XIII fut jeune, les succès de la vie consistèrent pour lui à être un automobiliste vertigineux, un bon tireur de pigeons, un excellent joueur de polo... Il était le premier dans les sports les plus divers, et cela ne m'étonne point : les rois sont toujours les premiers en tout, lorsqu'ils vivent entourés de courtisans.

Sensuel par tempérament, il considère que son passage dans le monde doit comporter tous les plaisirs matériels, toutes les satisfactions de la vanité. Je ne considère pas un tel état d'esprit comme extraordinaire. Beaucoup de gens, qui ne sont pas rois, pensent de même. Les louanges de son entourage, une confiance orgueilleuse en sa propre valeur, le portèrent à croire qu'en toutes choses il était inégalable. Alphonse XIII ne se contente pas d'être roi. Il est le premier soldat d'Espagne, le premier agriculteur, le premier marin, le premier... tout. Il lui a seulement manqué de peindre des tableaux et d'écrire des livrets d'opéra comme son maître Guillaume « au bras court ». Mais tout peut venir avec le temps.

Tout d'abord, ce jeune homme « sympathique », qui se contentait de raconter des histoires plaisantes et de dire des gamineries dans les banquets, s'est avisé de devenir orateur et il prononce maintenant presque autant de harangues que Primo de Rivera.

Il se lance avec intrépidité dans un discours, comme un médiocre nageur qui pique une tête dans une mer agitée, et qui se laisse entraîner de côté et d'autre, au hasard des vagues. Ainsi le roi : il n'est pas maître de ses paroles, ce sont elles qui l'entraînent et lui font dire des choses qu'il ferait mieux de taire. On l'a vu se compromettre par des indiscrétions de toutes sortes. Des preuves : le discours de Cordoue ; celui du Vatican devant le Pape... Mais j'en parlerai tout à l'heure.

Ayant avancé en âge, se sentant capable de prononcer des discours en public sur un ton et avec une voix qui, d'après ses auditeurs, rappelle celle des nonnes, ce jeune homme, qui était sympathique comme peut l'être un sous-lieutenant plein d'entrain, en arriva à croire à son génie d'homme d'État. Il se tenait pour supérieur à tous les hommes politiques de la monarchie. L'Espagne, à l'en croire, était un pays disgracié parce que lui, le souverain, était enchaîné par le régime constitutionnel. Les rois d'Angleterre, d'Italie et des autres pays européens le sont également, mais ils n'ont évidemment pas sa valeur personnelle. Qu'on le laissât gouverner seul, comme son bisaïeul Ferdinand VII, et l'on verrait alors avec quelle facilité changerait la vie de la nation : elle connaîtrait aussitôt une ère de grandeur et de prospérité ! Ce miracle pourrait être réalisé grâce à l'appui de l'armée qui doit être l'armée du roi plutôt que celle de la nation.

Ce porteur d'uniformes dit à chaque moment : « Moi qui suis un soldat » ou « Nous, les soldats ! » Un jour, comme il venait de répéter en plein conseil des ministres : « Nous, les soldats... » un des ministres lui répondit qu'il était un roi et non un soldat.

— Et un roi, continua ce ministre, doit demeurer au-dessus des militaires et des civils : ainsi, en cas de conflit entre ces deux éléments, il peut conserver une entière impartialité.

Ce soldat aux innombrables uniformes, ce stratège dont les généraux se font battre par les Marocains, a toujours soin de se tenir loin de la guerre. Mais l'impartialité m'oblige d'ajouter que les généraux aussi bien que les courtisans lui conseillent cet éloignement, et cela non pas seulement par esprit de flatterie, mais aussi parce qu'ils redoutent sa présomption, sa mégalomanie, sa propension à croire qu'il sait tout, qu'il peut diriger tout.

Parlant un jour, loin de l'Espagne, avec un ami d'Alphonse XIII, je lui exprimai combien j'étais surpris que « le premier soldat espagnol » ne fût jamais allé à la guerre, bien que les opérations au Maroc se prolongeassent depuis des années.

— Ah ! non ! qu'il n'y aille pas ! s'écria ce courtisan avec frayeur. Il embrouillerait tout. Et les opérations marcheraient encore plus mal qu'aujourd'hui.

Éprouvant le vaniteux désir d'être roi absolu et de gouverner la nation à sa fantaisie, Alphonse XIII a donc supprimé le régime constitutionnel ; il tient à exercer le pouvoir sans la collaboration des ministres.

Alphonse XIII se considère comme pauvre. Il touche chaque année une respectable liste civile, indiscutablement supérieure à celle que l'état économique de l'Espagne comporterait raisonnablement ; mais cela ne suffit pas à couvrir ses dépenses de luxe et celles de sa famille, qui augmentent chaque jour.

Sa mère, la reine-régente, était parvenue à constituer une fortune énorme pendant qu'elle exerçait le pouvoir. Je dois ajouter que cette fortune eut une origine légitime : elle avait mis de côté, avec persévérance, les millions que lui donnait la nation. La mère d'Alphonse XIII vécut très modestement durant la minorité de celui-ci : elle soumettait toutes les dépenses du palais à un régime de stricte économie, tout comme une bourgeoise qui épargne sur les dépenses de sa maison. Son unique préoccupation fut d'empêcher la chute de la monarchie, après les désastres de Cuba et des Philippines et d'élever Alphonse XIII : elle consacrait tous ses soins à la santé de ce fils de moribond, engendré durant les dernières semaines de la vie de son père.

Au dire des personnes appartenant à la cour d'Espagne — et c'est un fait bien connu à Madrid — la reine-mère redoutait constamment de voir sa famille détrônée et, par contre, l'empire d'Autriche lui semblait devoir être immortel. C'est pourquoi elle confia tous ses millions à un archiduc qui était son oncle. Celui-ci les fit fructifier en bon administrateur, mais lorsqu'il mourut, il y a quelques années, on constata qu'il n'avait pas pris la précaution d'indiquer dans son testament quels étaient ses biens et quels étaient ceux qui appartenaient à sa nièce doña Cristine. Celle-ci se trouva dans une situation particulièrement difficile pour recouvrer les sommes énormes qu'elle avait économisées. Les héritiers de l'archiduc, qui étaient tous parents de la reine, refusèrent de lui rendre ce qui lui appartenait ; finalement, on régla les choses à l'amiable, mais la dame ne put rentrer en possession, paraît-il, que d'une minime partie de ses économies.

Alphonse, qui s'intitule « roi moderne », n'espère pas hériter grand'chose de sa mère et n'a qu'un seul désir : gagner de l'argent. Il dépense beaucoup plus que ne le lui permet sa liste civile et comme, d'un autre côté, il ne se considère pas comme absolument sûr de rester roi jusqu'à sa mort, il a recours aux affaires pour amasser une fortune. C'est ainsi qu'il a exposé, à plusieurs reprises, le prestige de la monarchie en se compromettant, avec la légèreté de son caractère, dans toutes les affaires qu'on lui proposait. Mais ce sont des affaires dans lesquelles il ne risque pas de fonds et où il n'apporte que son influence personnelle.

Quelques journaux ont parlé des actions que lui a remises la fabrique d'automobiles Hispano-Suiza, établie à Barcelone : ces actions sont déposées au nom d'un de ses courtisans. On a parlé également des actions de la Compagnie de Navigation la « Transméditerranéenne » et des actions du Métropolitain de Madrid, dont la concession a été accordée dans des conditions illégales : une autre entreprise avait demandé auparavant d'exécuter les travaux de construction, mais le roi préféra appuyer la société actuelle du Métropolitain de Madrid et imposa sa volonté au personnage qui était, à cette époque, le maire de la capitale.

Tout le monde connaît les liens d'étroite amitié qui unissent le roi d'Espagne et un Belge, M. Marquet, personnage dont le seul titre sérieux est d'être propriétaire de la roulette et du trente-et-quarante à Saint-Sébastien.

Alphonse XIII a toujours cherché à devenir l'ami des grands multimillionnaires des États-Unis. Quand le yacht de l'un d'eux arrive à Saint-Sébastien ou à Santander, le roi donne plus de marques de déférence et d'admiration que s'il s'agissait de la galère du Pape. Pourtant, il n'est arrivé, jusqu'ici, à connaître d'autres hommes d'affaires que M. Marquet, propriétaire de la roulette de Saint-Sébastien, M. Cornuché, propriétaire des jeux de Deauville, et un certain M. Pedraza de qui nous parlerons tout à l'heure.

L'amitié d'Alphonse XIII pour M. Marquet est telle que, il y a quelques années, on eut des raisons de croire que le roi allait lui donner un titre de noblesse et le nommer baron... Baron du « numéro plein », disaient les uns ; « du rouge et noir », affirmaient d'autres. Mais les Belges se livrèrent à des commentaires de telle nature que le roi et son protégé renoncèrent à ce projet.

Le Casino de Saint-Sébastien ne fonctionne que l'été. M. Marquet, songeant avec envie au Casino de Monte-Carlo qui est ouvert toute l'année, chercha une combinaison qui lui permît d'exploiter les Espagnols pendant l'hiver et fonda, en plein centre de Madrid, ce qu'on appelle le « Palais de glace ». Le rez-de-chaussée de ce bâtiment sert au patinage ; les autres étages sont destinés au trente-et-quarante et autres douceurs. Les souverains espagnols assistèrent à l'inauguration de cette maison de jeux polaire établie au cœur de leur capitale. M. Marquet, comme propriétaire de l'établissement, eut l'honneur de recevoir la reine d'Espagne : et, lui donnant le bras, il lui montra toutes les splendeurs de l'édifice.

Récemment, Alphonse XIII a formé une écurie de chevaux de course et s'occupe de les faire courir, particulièrement à Saint-Sébastien. Dans les milieux aristocratiques bien informés de l'affaire, on murmure que Don Alphonse n'a pas assez d'argent pour entretenir cette écurie et l'on soupçonne qu'elle appartient en réalité à M. Marquet. Le cheval *Ruban* est le meilleur de l'écurie. Quand il court dans les courses de Saint-Sébastien, il gagne toujours. Ce n'est point extraordinaire. La piste de Saint-Sébastien est terre espagnole et, par là même, appartient à Alphonse XIII qui peut faire d'elle ce qu'il veut.

Les gens qui parient contre *Ruban* et qui perdent leur argent, se rendent coupables de lèse-majesté en criant qu'on les a volés. Mais je ne puis ajouter foi à ces irrespectueuses déclarations. Il est vrai que *Ruban*, lorsqu'il court en Belgique, arrive toujours cinquième ou sixième. Mais cela prouve seulement que, comme son maître est Espagnol, il court mieux dans son pays, sur un terrain bien préparé.

L'autre homme d'affaires d'Alphonse XIII est M. Cornuché qui, il y a trois ans, organisa à Deauville l'apothéose de l'histrion royal.

Il faut rappeler les conditions dans lesquelles eut lieu ce voyage. Les troupes espagnoles avaient subi, quelques mois auparavant, le désastre le plus inouï que l'on ait enregistré dans l'histoire des guerres coloniales. La défaite du général italien Barattieri, en Abyssinie, peut seule lui être comparée. Quinze cents Espagnols étaient prisonniers des Marocains d'Abd el Krim. Il faut savoir ce que cela veut dire : être prisonnier des Rifains ! Pour beaucoup d'hommes, cela est bien pire que de tomber entre les mains d'une tribu d'anthropophages de l'Océanie. Il vaut mieux mourir que de souffrir les outrages et les infamies de ces barbares, héritiers des passions contre nature des siècles passés.

A cette époque, je ressentais constamment une tristesse profonde en songeant que des centaines de mes compatriotes subissaient la pire des captivités, qu'ils connaissaient toutes les souffrances, qu'ils manquaient de tout, qu'ils étaient brutalisés. Et ce fut à ce moment qu'Alphonse XIII, acceptant une invitation de Cornuché, se rendit à Deauville pour qu'on pût admirer son élégance et son esprit à la Potinière et au Casino... Il eut ainsi la joie d'être jugé « sympathique » par la foule des dames maquillées qui formaient son cortège d'admiratrices.

Je ne veux pas croire que le roi d'Espagne, lorsqu'il effectua ce voyage, ait eu présents à l'esprit les Espagnols prisonniers. Je lui fais la faveur de croire qu'il les avait oubliés et que, s'il agit d'une manière aussi monstrueuse, ce fut avec l'inconscience propre à sa nature légère. Mais de toutes manières, le spectacle parut si surprenant que beaucoup de journaux étrangers blâmèrent Alphonse XIII et que les chansonniers de Montmartre lui prodiguèrent leurs satires. L'ambassadeur d'Espagne à Paris dut intervenir officieusement pour qu'on ne raillât pas davantage Alphonse XIII, héros de la Potinière de Deauville.

L'héritier de Ferdinand VII prit goût à ces visites dans les domaines de M. Cornuché. Celui-ci qui exploite, en été, Deauville et en hiver, Cannes, commença d'annoncer pour l'hiver suivant la venue du roi d'Espagne à Cannes. Le prétexte du voyage était une visite aux Bourbons détrônés de Naples, ducs de Caserte, qui vivent retirés à Cannes. Mais en réalité, la visite était pour Cornuché qui commença à faire des dépenses pour que rien — au point de vue du confort et du faste — ne manquât à son *roi-sandwich*, qui allait, par sa présence, faire de la réclame au casino.

Mais il y eut en Espagne un mouvement d'indignation, plus marqué d'ailleurs dans les hautes classes que dans le peuple qui ignore ce que sont Deauville et Cannes. A la Chambre des députés même, les partis de l'opposition critiquèrent le voyage prochain du roi à Cannes, et celui-ci dut y renoncer.

Peut-être murmura-t-il alors, comme son aïeule, la sentimentale Isabelle II, quand, en pleine vieillesse, on la sépara de son dernier secrétaire :

— Quel métier que celui de roi ! On contrarie toujours vos goûts et vos plaisirs !

Ces dernières années, Alphonse XIII crut avoir trouvé l'homme d'affaires dont il avait besoin pour devenir riche, en la personne d'un certain M. Pedraza, Espagnol ayant roulé dans toute l'Amérique. C'est un homme actif, intelligent et que d'aucuns traitent d'aventurier

Si on lui donne ce titre c'est sans doute parce qu'il a fait quelquefois de la prison à la suite de la déconfiture de certaines affaires commerciales.

Tel est le personnage qui est devenu l'ami intime d'Alphonse XIII et son grand homme d'affaires.

Comme le caractère du roi d'Espagne est extrêmement léger et que ce M. Pedraza est un fantaisiste plein de faconde qui ne cesse de parler de ses amis, les multimillionnaires de Wall Street et de la City, le roi le prit pour une espèce de Morgan ou de Rockfeller, capable de l'enrichir en quelques mois aux dépens de l'Espagne.

Ce monsieur Pedraza (qui a fait des séjours à la prison de Barcelone) peut montrer des lettres et des télégrammes signés « Alphonse Roi ».

Les plans financiers de Pedraza furent toujours de brillantes divagations où se mêlaient la vérité et le mensonge. Ils eussent permis — c'eût été là leur unique résultat certain — de lancer dans le monde des centaines de millions de titres dont l'émission eût rapporté une cinquantaine ou une centaine de millions aux organisateurs de l'opération. Pedraza promettait l'appui d'un groupe de financiers et d'industriels anglais et américains, tout prêts, déclarait-il, à faire passer en Espagne des milliards qu'ils placeraient dans les affaires. Seulement, ils demandaient quelques garanties — quelque chose comme le monopole de toutes les ressources nationales. Pour faire passer cette terrible opération, Pedraza promit de faire construire un chemin de fer direct de Madrid à Valence, et un autre de la frontière à Algésiras. Les banquiers espagnols protestèrent contre une opération dont le but était de s'emparer de toutes les affaires d'Espagne. Le royal associé de Pedraza allait vendre l'Espagne à la finance étrangère pour quelques millions versés d'un coup. La presse française combattit également les projets de Pedraza.

Heureusement, le ministre des Finances était alors M. Pedregal, un ancien républicain, passé à la monarchie, mais homme intègre qui, par son austérité, montrait qu'il n'avait pas oublié ses origines démocratiques. M. Pedregal s'opposa énergiquement à de pareils projets et les capitalistes qui étaient derrière Pedraza durent se retirer.

Depuis la défaite de Pedraza, Alphonse XIII n'a plus eu qu'une idée : gouverner sans les entraves constitutionnelles, et, comme il l'a dit peu de jours après le triomphe du Directoire, être « le seul maître ».

Il est facile d'imaginer la psychologie d'un monarque qui se considère comme pauvre parce qu'il dépense beaucoup, et qui, comme roi constitutionnel, ne peut compter sur d'autres ressources que celles fixées par le pouvoir législatif.

Son désir est d'être monarque absolu, de ne pas avoir de ministres qui lui demandent des comptes, de pouvoir confondre sa fortune propre et celle du pays, ainsi que l'ont fait en d'autres siècles les rois dilapidateurs qui finirent par provoquer des révolutions.

De plus, avec des ministres constitutionnels qu'il faut consulter à chaque instant et avec lesquels il faut compter, puisqu'ils doivent signer les décrets, les grosses affaires, du genre de celles de l'ami Pedraza, ne sont pas possibles. Il est nécessaire d'être le maître absolu pour pouvoir ramasser de l'argent.

Je dois dire qu'Alphonse XIII renonça momentanément à réaliser la combinaison Pedraza, en voyant que ses ministres constitutionnels n'acceptaient pas l'affaire. Puis, récemment, le régime constitutionnel ayant été supprimé et l'Espagne réduite en esclavage par le Directoire de généraux, le roi crut que le moment était arrivé de reprendre en mains la grande affaire de sa vie. Pedraza, qui se trouvait à l'étranger, reçut un télégramme de son royal associé, télégramme qu'il montra aux capitalistes de Londres et d'autres pays, pour qu'ils appuyassent son affaire.

« Viens vite, — disait le télégramme, — tout est préparé. Alphonse R. »

Mais Primo de Rivera et les autres généraux du Directoire ne voulurent pas accepter l'énorme plan financier patronné par Alphonse XIII. Ce n'est pas la vertu qui leur inspira ce refus. Le Directoire cherche à s'appuyer sur les hommes de la droite : il eut peur de s'aliéner les sympathies des banquiers espagnols et des classes capitalistes. De plus, il y eut, dans leur refus, une certaine part d'égoïsme. Primo de Rivera sait, comme tous les Espagnols, que l'affaire Pedraza est l'affaire du roi. Pourquoi l'appuyer et assumer une responsabilité, sans bénéficier personnellement d'aucun avantage positif ?

Pour désirer devenir un monarque absolu, Alphonse XIII eut une autre raison, dans les derniers temps du gouvernement constitutionnel, c'est-à-dire il y a un peu plus d'un an.

M. Pedragal, le ministre des Finances, avait fait échouer, par son énergique opposition, l'affaire de Pedraza. La guerre du Maroc avait, en effet, mis en lumière la responsabilité personnelle du roi dans les désastres qu'avait subis l'armée espagnole.

La pauvre Espagne est, pour Alphonse XIII, quelque chose comme une de ces boîtes de soldats de plomb que l'on vend dans les bazars. Cet éternel jeune homme a voulu jouer au monarque important en Europe, et c'est pourquoi il a accepté, à Algésiras, le protectorat du Rif, c'est-à-dire d'un pays qui passe pour appartenir au Maroc, alors que jamais, au cours des siècles, les sultans marocains n'ont pu y établir réellement leur autorité.

Au banquet diplomatique d'Algésiras, on

fit donc cadeau à la pauvre Espagne d'un os que personne ne pouvait ronger : le Rif. Alphonse XIII l'accepta avec joie, avec une gaieté de sous-lieutenant, toute semblable à celle du kronprinz lorsqu'il parlait de la guerre « fraîche et joyeuse ». L'important pour le roi était de montrer qu'il était un aussi grand chef que Guillaume II. C'est ainsi que commença la guerre du Maroc, la plus incompréhensible et la plus absurde de l'histoire. L'Espagne a au Maroc, depuis quatorze ans, la plus importante des armées qui exista jamais en Afrique : plus de cent mille hommes. Parfois, elle atteignit cent vingt mille hommes, et même plus. Les montagnards qui combattent cette armée sont au nombre de huit ou dix mille, ils ont peu de munitions, et pourtant l'armée espagnole n'a jamais remporté une victoire décisive et a été mise en déroute à maintes reprises.

Il faut ajouter, pour que la chose apparaisse encore plus inexplicable, que l'Espagnol se bat avec courage. J'ai parlé à quelques militaires français de grande valeur qui ont vu cette guerre de près, et tous sont d'accord sur ce point : l'officier espagnol combat avec le courage de l'homme qui a fait le sacrifice de sa vie. Quant au soldat, il se contente de se battre avec résignation. Il ne ressent aucun enthousiasme pour cette guerre qui ne le touche en rien. Mais, en fin de compte, il fait son devoir, il va de l'avant et se fait tuer. Les officiers, par esprit professionnel, s'exposent avec une audace presque exces-

ive... Et pourtant, les défaites suivent les dé-
aites... Ce qui prouve que cette armée est une
organisation dynastique et non une institution
nationale. Les Espagnols se battent parce que le
roi a voulu faire figure de grand chef au Maroc,
et parce que son entourage a l'espoir de mettre
la main sur les mines du Rif, mines quelque peu
fantastiques, dont personne ne connaît la véritable valeur et à propos desquelles Abd el Krim
a entrepris des négociations avec des hommes
d'affaires de tous les pays.

Pour expliquer les perpétuelles défaites de
l'Espagne au Maroc, il suffirait de dire que c'est
Alphonse XIII qui, en réalité, dirige de Madrid
les opérations. Comment ne s'occuperait-il pas
de la guerre, ce jeune homme qui est né avec
des connaissances universelles et qui s'intitule
« le premier soldat d'Espagne » ?

Tout le monde se souvient de la catastrophe
dont l'armée espagnole a été victime en 1921,
de l'immense désastre d'Annual.

En la circonstance, Alphonse XIII s'était entendu directement avec le général Silvestre, gou-
verneur de Melilla, pour régler une opération
rapide et décisive qui devait permettre aux
troupes espagnoles de traverser le Rif et d'atteindre la baie de Alhucemas. Tout le pays devait tomber en notre pouvoir, les tribus, sur-
prises et quasi anéanties, seraient contraintes de
se soumettre instantanément, tout cela grâce à
la stratégie éblouissante du roi d'Espagne.

Le général Silvestre était un soldat courageux et un brillant cavalier, capable d'obéir, incapable de commander ; bref, toutes proportions gardées, une façon de Murat.

Alphonse XIII fut le Napoléon de ce hussard héroïque ; il se mit d'accord avec lui, sans consulter en rien le ministre de la Guerre. Le général Silvestre, avant d'entreprendre cette absurde attaque, vint à Madrid pour se mettre d'accord avec son « général en chef », le roi.

Dans un banquet qui eut lieu à Valladolid — le motif en était une fête à l'Académie de cavalerie — les deux hommes choquèrent leurs verres.

— Le 25 juillet, dit Silvestre, je promets à Votre Majesté que j'aurai atteint la baie de Alhucemas.

Le général retourna à Melilla et entreprit l'opération en utilisant ses connaissances stratégiques de cavalier et la grande science militaire du roi.

On ne peut imaginer plan plus simple : marcher de l'avant, toujours de l'avant. Le général Silvestre, qui était un brave, surprit au début les Arabes qui se trouvaient sur sa route. Dans les premiers jours de cette avance, il s'empara d'un mont célèbre par son importance stratégique et envoya aussitôt un télégramme au roi. Celui-ci lui répondit avec enthousiasme, employant le langage propre aux courses de taureaux : « Ole les hommes ! Le 25, je t'attends ! » Hélas ! ce

25 n'est pas encore venu. Quatre années ont passé et il attend toujours, le «Kaiser Codorniu».

Les tribus d'Abd el Krim laissèrent avancer l'intrépide Silvestre qui, dans son ardeur, se préoccupa à peine de maintenir le contact avec ses bases de secours et de ravitaillement. Les Marocains l'isolèrent, l'encerclèrent, lui coupèrent la retraite, et il mourut en combattant... Des milliers d'Espagnols tombèrent comme lui. Quinze cents hommes seulement, parmi lesquels le général Navarro, échappèrent à cette tuerie : les Marocains les firent prisonniers.

On estime que ce désastre coûta la vie à dix ou douze mille Espagnols : les Rifains ramassèrent sur le champ de bataille un matériel de guerre valant des millions de pesetas. Pour oublier ce petit incident, l'ami de M. Cornuché se rendit à Deauville, quelques mois après. Mais il ne put point, sans doute, ne pas penser au récent désastre...

Comme tous les artistes médiocres, dont la vanité est chatouilleuse, il était convaincu que son plan était magnifique et que, s'il avait échoué, la faute en était aux exécutants.

Quand les Rifains exigèrent cinq millions de pesetas pour rendre la liberté aux soldats qui avaient été faits prisonniers à Annual, le spirituel jeune homme s'écria :

— Elles coûtent cher, ces poules mouillées !

Tous les Espagnols éclairés se sont rendu compte de la responsabilité d'Alphonse XIII dans le désastre d'Annual. Pour la première fois depuis de nombreuses années, le Parlement espagnol donna des marques d'énergie et d'indépendance. Il se forma à la Chambre des députés une commission composée de membres appartenant aussi bien aux groupes dynastiques qu'aux partis de l'opposition. Cette commission, dite des Vingt et un, ouvrit une enquête et fit comparaître devant elle de nombreux généraux.

Pour la première fois en Espagne, on vit des militaires, — on sait leur orgueilleuse prétention d'appartenir à une caste supérieure, — comparaître devant un tribunal civil et y déposer comme témoins ou comme futurs accusés.

La commission écouta des déclarations, eut en mains des documents qui lui prouvèrent que le général Silvestre avait agi conformément aux ordres et aux plans stratégiques du roi d'Espagne. De plus, une partie des lettres échangées entre le roi et le général Silvestre fut découverte dans des circonstances passablement romanesques.

Le lecteur se souvient qu'à la suite de la déroute inattendue et complète de Silvestre, les Rifains victorieux s'avancèrent jusqu'aux portes de Melilla et que, s'ils ne pénétrèrent pas dans la place, ce fut faute de décision. Pour toute garnison, la ville n'avait que quelques soldats malades ou blessés. Pour donner courage aux habitants, des musiques militaires sillonnaient les rues en faisant retentir leurs instruments. La situation était désespérée. C'est alors qu'arriva le général Berenguer avec les premières forces qu'il avait pu embarquer dans le Maroc occidental espagnol. Et à ce moment, quelqu'un, — on ne sait pas exactement qui, — força les tiroirs de la table de travail du défunt général Silvestre, et trouva dans un coffret une partie de sa correspondance avec Alphonse XIII.

Là se trouvait le fameux télégramme : « Ole ! les hommes ! Le 25, je t'attends ! » Là aussi, parmi d'autres, une lettre où le roi donnait à Silvestre le conseil suivant : « Fais ce que je te dis et ne te préoccupe pas du ministre de la Guerre : c'est un imbécile. »

Ce ministre de la Guerre traité d'imbécile par un roi constitutionnel qui agissait derrière son dos, était un civil, le vicomte de Eza. On me dit que lorsqu'il eut connaissance de cette lettre, il resta longtemps sans vouloir voir le roi, pour éviter la honte de le saluer. Aujourd'hui, peut-être le salue-t-il, car les hommes qui ont affaire aux rois considèrent bien souvent que leurs souverains leur donnent une preuve de confiance affectueuse en les traitant d'imbéciles.

La commission des Vingt et un, après avoir entendu de nombreux témoins, considéra que l'instruction était terminée. La culpabilité du roi résultait aussi clairement des témoignages oraux que des documents.

Alphonse XIII suivit avec inquiétude le travail de cette commission dont les fonctions étaient entièrement nouvelles. On allait donc faire connaître publiquement au Parlement sa malheureuse intervention dans la guerre, ses actes de monarque absolu, son mépris de la Constitution.

Il fallait étouffer ce gigantesque scandale ; c'est pourquoi il hâta le coup d'État que préparaient les militaires, le coup d'État qui institua le Directoire actuel.

L'armée conspirait déjà, d'accord avec le roi, mais la révolution devait avoir lieu à une date bien ultérieure. Alphonse XIII, apprenant que la commission des Vingt et un avait terminé ses travaux et qu'elle les ferait connaître publiquement le 20 septembre, donna à Primo de Rivera l'ordre d'avancer la date de la révolte en Catalogne.

Primo de Rivera hâta ses préparatifs, puisque l'appui du roi lui donnait toute sécurité, et déclancha le soulèvement le 13.

Un des premiers actes des militaires triomphants, fut d'envoyer un officier de toute confiance, suivi d'une forte escorte, à la Chambre des députés. Dans une des salles du Congrès, celle-là même où s'était réunie la commission des Vingt et un, était gardé le dossier sur « les responsabilités du désastre d'Annual ».

L'envoyé du Directoire s'en empara et personne n'entendit plus jamais parler de ces importants documents. Sans doute ont-ils été détruits. Mais les hommes qui ont fait partie de la commission vivent toujours et beaucoup d'entre eux conservent des notes sur les déclarations qu'ils ont entendues, sur les documents qu'ils ont lus.

IV

PRIMO DE RIVERA ET SES ACOLYTES

Au cours de ces cinquante dernières années, la monarchie espagnole n'a eu qu'une préoccupation : flatter l'armée.

Du moment que la force armée était à leur disposition, les souverains estimaient toute autre préoccupation superflue. Si des protestations venaient à s'élever, les mitrailleuses sauraient y couper court. Ayant confiance en leurs troupes, ils pouvaient tout se permettre et vivre sans inquiétude.

Quant au reste de la nation, les souverains n'en avaient nul souci. Les Bourbons ont traité leur peuple comme une espèce de machine à vapeur dont le mouvement bruyant leur était désagréable.

Ils ont préféré le silence, le calme absolu du néant, et ont consacré leur temps et leur énergie à la destruction de cette machine. Ils ont placé des poutres sur les pistons pour empêcher leur mouvement ; ils ont versé de l'eau sur les foyers générateurs de force et sur toutes les parties de la machine nationale. Celle-ci s'est oxydée, a fini par être paralysée. Tous les engrenages se sont cassés et, morceau par morceau, la destruction s'est consommée.

Oui, moi, Espagnol, je le déclare avec douleur et avec honte : l'Espagne est le pays le plus désorganisé de la terre. Ses contrées les plus riches et les plus laborieuses manifestent des tendances au séparatisme. Ce sont des membres où palpite encore une vie propre et qui veulent se séparer du reste de l'organisme qu'ils considèrent comme pourri. Tel est le cas de la Catalogne et d'autres provinces encore. Enfin, en un demi-siècle, de l'Espagne qui avait toujours été une nation romanesque, passionnée pour des idées, fausses parfois, mais toujours généreuses, la monarchie a fait un peuple matérialiste et sans élévation morale.

Il y a vingt-cinq ans, deux Espagnes s'affrontaient : une Espagne traditionaliste, une Espagne libérale. La première était éprise des gloires du passé, l'autre voulait adopter les nouveautés les plus audacieuses ; mais chacune avait un idéal et était disposée à donner sa vie pour le réaliser. Alphonse XIII et sa mère ont fait de l'Espagne un pays cyniquement matérialiste qui ne pense qu'à jouir, qui ne croit à rien, n'espère rien et accepte toutes les bassesses que lui impose le régime.

Grâce à la monarchie des Bourbons, le pays de don Quichotte est devenu le pays de Sancho

Pança, glouton, couard, servile, incapable de concevoir une idée qui dépasse les bords de sa mangeoire.

Les classes riches ont la cruauté de la peur, la pire des cruautés ! Elles craignent de se remuer, de changer d'attitude, même quand elles savent que ce changement pourrait être utile au pays. Elles proclament brutalement leurs sympathies pour le système du bâton et se déclarent pour toutes les solutions qui, pour premières mesures, comportent les fusillades. Les masses ouvrières, de leur côté, font preuve d'un goût pour la violence plus marqué que dans tout autre pays. Chaque fois qu'elles ont manifesté leurs désirs, on leur a répondu en les mitraillant dans les rues. L'ouvrier n'ayant pas le moyen de combattre le militaire, qui a en mains tous les outils de la mort, a recours aux attentats. En résumé, les luttes sociales, qui se déroulent dans les autres pays sous une forme plus ou moins atténuée, revêtent en terre espagnole, grâce aux bons soins de la monarchie, les caractères d'une guerre sauvage.

En cinquante ans, les rois d'Espagne n'ont point créé d'écoles ; ils ne se sont nullement occupés du progrès intellectuel de la nation. Le peuple espagnol se voit loué par eux de ses traditions les plus barbares. Les défauts séculaires sont célébrés par les souverains comme un magnifique patrimoine national. Ferdinand VII, Isabelle II, Alphonse XII et son fils Alphonse XIII ont adopté le parler et les gestes des toreros et des voyous de Madrid, considérant que de telles manières avaient quelque chose de purement espagnol. Quant aux hommes qui font preuve d'une culture en harmonie avec celle des autres peuples, ils sont traités de mauvais patriotes et de xénophiles.

Ici, je crois nécessaire d'ouvrir une brève parenthèse. La reine d'Espagne actuelle, qui est anglaise de naissance, est — moralement — une espèce de prisonnière à la cour de Madrid. Pendant la guerre, où un de ses frères, officier anglais, trouva la mort, elle vécut dans un isolement résigné au milieu d'une cour où tout le monde — y compris son mari — était germanophile. Aujourd'hui cette princesse, du fait même de son éducation anglaise, doit souffrir de voir l'Espagne, monarchie arriérée, déchirer sa constitution et subir une tyrannie militaire digne de la Russie des tsars, tandis que l'Angleterre, un des premiers pays du monde, est gouvernée par des civils, par des libéraux.

Mais revenons aux rois d'Espagne et à l'influence néfaste qu'ils exercent sur leur pays.

L'existence d'Alphonse XIII était devenue à peu près impossible, et cela en conséquence même du pernicieux régime qu'il avait institué. D'un côté, le séparatisme le menaçait, de l'autre la guerre sociale ; non moins inquiétante était la faiblesse des gouvernants, qui mériteraient plutôt d'être appelés « non-gouvernants » : et cela

encore est la conséquence des manœuvres du
roi, le résultat de ces intrigues qu'il affectionne
si vivement. Au temps d'Alphonse XII et de la
reine-régente, il n'y avait que deux partis dynastiques : les libéraux et les conservateurs, di-
rigés respectivement par Canovas et Sagasta. Ces
deux partis détenaient alternativement le pouvoir,
ce qui était une comédie passablement ridicule ;
mais comme il n'y avait que deux hommes
d'état en présence, ils inspiraient un certain respect aux souverains et même, lorsqu'ils agis-
saient de concert, il leur était facile d'imposer
leur volonté à la famille royale et à son entourage. Alphonse XIII, dans son désir d'être
roi absolu et d'abattre le régime constitutionnel,
s'est donné pour ligne de conduite de fractionner
et de diviser les deux partis en présence. Par ses
intrigues et ses mensonges, il est arrivé à opposer les lieutenants aux chefs, il a récompensé
les traîtres, il a appuyé les dissidents et fait de
chacun d'eux le chef d'un groupe auquel il a
promis le pouvoir. Des deux anciens partis il a
su tirer une douzaine de nouveaux, se conformant
en cela à la maxime jésuitique : « Diviser pour
régner. »

Le résultat de cette politique de fractionne-
ment est que, depuis des années, aucun parti
n'a eu la force suffisante pour se maintenir au
pouvoir. Les cabinets qui se sont succédé n'ont
eu qu'une pensée : se défendre contre leurs adversaires ; leur préoccupation première a été de

durer et, pour y parvenir, le moyen qu'ils employèrent le plus souvent fut d'obéir aux insinuations du roi.

Un pays moralement corrompu par la monarchie, troublé par les mouvements séparatistes, mal gouverné par des ministères qui ne peuvent penser qu'à assurer leur propre existence, marche fatalement à la ruine. La monarchie est devenue la victime de ses propres machinations. Effrayée par les luttes sociales, elle a cherché un remède dans une dictature militaire qui favorisait en même temps ses inclinations autocratiques. Ainsi cette même monarchie, qui est responsable de la maladie nationale, a prétendu la guérir par la brutale intervention du militarisme.

L'influence fatale et corruptrice que les Bourbons espagnols ont exercée sur toute la nation, ils l'ont fait également sentir sur l'armée.

Au cours du XIX° siècle, l'armée espagnole est intervenue fréquemment dans la vie politique, parfois dans un sens libéral, parfois dans un sens réactionnaire. Mais, même dans ces soulèvements, l'armée faisait preuve d'un certain idéalisme : Alphonse XIII, et avant lui sa mère, ont tué l'esprit de l'ancienne armée. Ils ont transformé les militaires en bourgeois syndiqués, uniquement occupés des gains qu'ils pouvaient retirer de leur profession.

Le lecteur connaît certainement les « juntes militaires », qui se sont constituées en Espagne en 1919. Ces juntes furent tout simplement des soviets ; mais des soviets de gens en uniformes, où ne figuraient que des militaires, depuis les sous-lieutenants jusqu'aux colonels. Ces soviets de caste étaient des copies — en style rétrograde — de ceux de Russie, et manifestèrent en réalité les appétits d'une classe sociale qui, s'étant rendu compte de son importance, cherchait à l'exploiter.

Nous avons déjà dit que la monarchie ne pensait qu'à flatter l'armée, à la modeler à sa ressemblance, afin d'être sûre de son appui. L'armée se rendant compte qu'elle était indispensable à la monarchie exigea tout d'abord, par la voix des juntes, des augmentations de solde, des privilèges exorbitants, et finit par former, au sein même de la nation, une caste à part, jouissant de lois spéciales qui ont rendu sa situation inattaquable et intangible. En Espagne, on peut discuter tout, même l'existence de Dieu ; mais l'homme qui discute l'acte d'un militaire va immédiatement en prison et est traduit en conseil de guerre.

L'orgueil des chefs devint tel, lorsqu'ils eurent pris pleine conscience de leur pouvoir, que les juntes discutèrent avec le roi et lui imposèrent leur volonté. Mais Alphonse XIII, considérant l'armée comme une création de sa famille, se résigna à ces arrogantes exigences qu'il jugeait ne devoir être que passagères ; il crut qu'en gouvernant avec des militaires, il serait bien plus mattre du pays qu'au temps où il était entouré de civils.

Durant quatre ans, il prépara le coup de force qui a supprimé le régime constitutionnel et instauré le régime militaire. Avec l'imprudence qui fait le fond de son caractère, le roi fut d'ailleurs incapable de garder son secret. En 1922, à la fin d'un banquet à Cordoue, Alphonse XIII se laissa aller à parler. Cela n'a rien d'extraordinaire puisque, à Cordoue, l'on prodigue le vin de Montilla, qui fait oublier toute prudence lorsqu'on arrive au dessert. Alphonse XIII, orateur inexpérimenté, parla avec amertume de son rôle de roi constitutionnel et donna à entendre que, par la suite, il deviendrait maître absolu de l'Espagne.

Les juntes militaires désiraient aussi le pouvoir. D'après elles, les désastres du Maroc étaient imputables aux ministères formés de « civils » ; ainsi, pour les militaires comme pour le roi, les hommes politiques devaient être des victimes expiatoires. Tous les maux dont souffrait le pays, ces hommes d'État en étaient responsables. Le jour où le roi et une douzaine de généraux gouverneraient l'Espagne à leur fantaisie, ce jour-là commencerait une ère de succès et l'armée remporterait des victoires toutes les vingt-quatre heures.

Tout d'abord, les militaires transformés en hommes politiques songèrent à nommer dictateur le général Aguilera, qui était alors président du Tribunal suprême de la Guerre et de la Marine. Le général Aguilera est un personnage moins ridicule et plus honnête que Primo de Rivera. Mais un soir, une discussion violente éclata tout à coup au Sénat espagnol entre civils et militaires. Le général Aguilera déclara que l'honneur d'un militaire valait mieux que l'honneur d'un civil, et M. Sanchez Guerra, ancien président du Conseil des ministres, conservateur irritable de nature, lui répondit en lui administrant deux retentissants soufflets, chargés de démontrer qu'un civil peut être un homme aussi bien qu'un militaire.

Grand scandale parlementaire, explications, et tout ce qui arrive en pareil cas, mais Aguilera — soldat de réputation brillante et justifiée — n'en resta pas moins avec ses deux soufflets. A la suite de cet incident, on ne pouvait raisonnablement penser à ce général pour la dictature. Quelle crainte peut inspirer un guerrier qui reçoit deux gifles d'un avocat ?

Le roi pensa alors à Primo de Rivera, général méprisé pour sa conduite privée, et peu aimé dans l'armée à cause de la rapidité de sa carrière, mais qui était capitaine-général en Catalogne.

De tous les généraux de l'armée espagnole, le moins indiqué pour représenter une révolution « moralisatrice » était certainement Primo de Rivera.

Je ne désire point m'immiscer dans la vie

privée de mes ennemis, mais avec Primo de Rivera, on ne peut avoir ce scrupule. Lui-même, se rendant compte de sa situation, a parlé à plusieurs reprises — tout comme s'il eût fait une pénitence publique — de la vie qu'il avait menée avant d'être dictateur. (Les Espagnols disent qu'il n'y a nullement renoncé actuellement, mais qu'il agit avec plus de circonspection.)

Durant plus de trente ans, quand les Espagnols voulaient citer un exemple de favoritisme inouï, de népotisme scandaleux, ils nommaient Miguelito Primo de Rivera. Actuellement, on continue de l'appeler Miguelito (Petit Michel). En effet, bien qu'il soit devenu lieutenant-général et qu'il gouverne arbitrairement toute l'Espagne, imposant sa volonté au roi lui-même, il est resté Miguelito ; depuis le temps où il était simple lieutenant, son caractère n'a pas changé.

Il est le neveu du maréchal Primo de Rivera qui trahit le gouvernement révolutionnaire de 1874 et restaura la dynastie des Bourbons. Ce maréchal, qui n'avait pas d'enfants, concentra toute son affection sur Miguelito et usa de toute son influence pour que le jeune homme fût rapidement en état de continuer la tradition glorieuse de la famille.

On a rarement vu une carrière aussi rapide. Son ascension ne saurait être comparée qu'à celle des généraux de la première République française et de Napoléon. Ce garçon ne pouvait faire un geste qui ne fût héroïque. On le vit partout où l'Espagne eut une guerre ; vingt-quatre heures après son arrivée, il avait fait, chaque fois, quelque chose d'extraordinaire, à quoi seuls les exploits du Cid pouvaient être comparés.

Je reconnais qu'il doit être un bon subalterne, un officier courageux comme il y en a des milliers dans l'armée espagnole. Le malheur pour ces milliers, c'est qu'ils n'ont pas eu un oncle comme Primo de Rivera ; leurs actes de courage leur valent, tout au plus, une petite note sur leurs états de service. Par contre, Primo de Rivera n'a jamais sorti son sabre sans obtenir un grade ou un nouveau brevet d'héroïsme.

Pendant la période des guerres coloniales, son oncle fit de lui une manière de commis-voyageur en héroïsme. Il l'envoya à la guerre de Cuba pour lui permettre de gagner plusieurs galons, et, alors qu'il n'était déjà plus décent de demander davantage pour lui, il le renvoya aux Philippines pour lui permettre de faire une nouvelle récolte ; si bien que Primo de Rivera n'avait guère plus de trente ans lorsqu'il fut nommé général. C'était le plus jeune général de l'armée espagnole.

Jamais il n'a commandé une armée. Il a toujours été en sous-ordre. Ses débuts comme général en chef, il les a faits à titre de président du Directoire, entouré par des camarades non moins couverts que lui-même de décorations, d'écharpes et de broderies. Ces magnifiques oripeaux ne les libèrent pas de la honte d'avoir été battus, écrasés par Abd el Krim, cet Abd el Krim qui fut leur professeur d'arabe et leur compagnon de noce au temps où il vivait à Melilla comme employé du gouvernement espagnol.

Primo de Rivera est aussi intéressant comme homme privé que comme héros. Je ne lui ai parlé que deux fois, mais comme ce n'est pas un personnage très compliqué, c'est plus que suffisant pour le connaître. Il est né à Xerez, la terre du vin généreux, et il a la prolixité du Méridional. Sa facilité de parole n'eût pas été inutile si elle eût été au service d'une véritable intelligence. Mais Miguelito est une manière de cousin germain d'Alphonse XIII : sa naissance lui a rendu tout facile, il croit savoir tout et être venu au monde pour résoudre les problèmes les plus compliqués en prononçant une série de lapalissades.

Par la pédanterie, la suffisance et l'aplomb dont il fait preuve dans ses discours, il me rappelle beaucoup de généraux improvisés que j'ai connus à Mexico et dans certaines petites républiques de l'Amérique du Sud. Il ne lui manque que d'écrire de mauvais vers pour être un parfait héros comme les autres. Mais, à défaut de poésie, il rédige des manifestes quasi pornographiques où les organes masculins servent de termes de comparaison, où l'on trouve des galanteries à l'adresse des femmes espagnoles et d'autres extravagances qui font de lui un être néfaste pour ses compatriotes, mais charmant et pittoresque pour les étrangers.

Sous l'uniforme de général, il a la faconde extravagante d'un barbier à l'ancienne mode, d'un Figaro qui, tout en rasant un de ses clients, organise avec assurance non seulement son pays, mais encore toutes les nations de la terre.

Je dirai plus loin quels furent les premiers actes du gouvernement de Miguelito le « moralisateur ». En réalité, ce fut une ironie du sort d'avoir choisi ce soldat écervelé comme défenseur de la morale. Primo de Rivera est éternellement jeune, il a la jeunesse vulgaire et scandaleuse qui est de mode dans les garnisons de province. Je me souviens de l'indignation qu'il provoqua parmi les habitants de Valence, au temps où il était capitaine-général de cette ville. On put le surprendre, un jour, dans une loge de théâtre en train de faire, avec une choriste, presque sous les yeux du public, ce que le reste des hommes a coutume de faire lorsque les portes sont bien fermées.

Du temps de sa jeunesse, il a conservé le goût de visiter la nuit certaines maisons aux fenêtres closes. Aujourd'hui encore, bien que maître absolu de l'Espagne, il n'a pas renoncé à ses habitudes, et les noctambules de Madrid voient souvent son automobile officielle arrêtée à proximité des maisons de prostitution les plus connues. Celles-ci d'ailleurs ferment leurs portes à leurs habitués, lorsque Son Excellence et ses amis font une visite nocturne. —

Primo de Rivera est, par surcroît, un des plus fameux joueurs de l'Espagne. Il n'y a pas de tripot, quelque ignoble qu'il soit, qui ne l'ait eu pour client. Il a joué son argent et celui des autres, et lorsqu'il s'est emparé du pouvoir pour entreprendre la moralisation de l'Espagne, il était criblé de dettes.

Le dernier gouvernement constitutionnel l'a envoyé comme capitaine-général en Catalogne par l'effet d'un malheureux hasard : il n'y avait pas pour ce poste d'autre militaire de son grade qui fût disponible.

Dès le premier moment, Primo de Rivera exploita la situation, il se présenta comme un héros aux classes les plus conservatrices et les plus rétrogrades de Barcelone. Sans accorder la moindre attention aux différents gouverneurs civils qui se succédèrent à Barcelone, il intervint, avec son autorité fantasque, dans les conflits sociaux. A maintes reprises, les patrons, estimant que les causes de désaccord étaient de mince importance, voulurent transiger avec les ouvriers qui s'étaient mis en grève, mais Primo de Rivera s'opposa à tout arrangement.

— Laissez-moi faire, disait-il, il est temps que ces canailles se rencontrent avec un homme qui a des ... au ... comme moi. Je vais les réduire au silence.

Enfin, le capitaine-général de Catalogne s'en-

tendit avec le roi pour préparer un coup d'État
militaire qui permît d'anéantir le régime constitutionnel. Rien n'était plus facile qu'un pareil
coup de force. Le ministère présidé par le marquis d'Alhucemas était composé de gens sans
énergie qui n'opposèrent pas la moindre résistance. De plus, le général Aizpuru, ministre de
la guerre, fit preuve en la circonstance de déloyauté et d'absence de scrupules ; il s'entendit
traîtreusement avec ses compagnons d'armes ré-
voltés et, du ministère, aida et facilita leur com-
plot. Aussi le Directoire, après son triomphe, le
remercia-t-il en le nommant haut commissaire
au Maroc.

Si Alphonse XIII avait voulu réprimer la révolte militaire de Catalogne, il lui eût suffi d'envoyer un simple télégramme. Le colonel de gendarmerie de Barcelone eût arrêté aisément l'insurrection. Il n'avait qu'à se rendre au palais du
capitaine-général, à prendre ce personnage par
une oreille et le conduire en prison : tout eût été
terminé sans autre incident.

Il faut dire que cette insurrection militaire
de Primo de Rivera, aussi bien à Barcelone qu'à
Madrid, fut exclusivement une révolte d'officiers. Ils parlèrent, menacèrent au nom de
l'armée, mais elle demeura consignée dans
les casernes. Les soviets d'officiers ont incontes-
tablement peur de mener les soldats dans la rue.
Que feraient des hommes qui, sur la voie publique, se verraient sous les ordres de chefs ré-

voltés qui ont supprimé la liberté de leur pays ?
Il se pourrait bien qu'au lieu de tirer sur le
peuple, ils tournassent leurs armes contre leurs
supérieurs.

Toujours est-il que, d'accord avec le roi,
Primo de Rivera a organisé la révolte de Catalogne et que, dans son entreprise, il ne s'est
heurté à aucun obstacle. Bien plus, il a provoqué
l'enthousiasme de certaines classes sociales.

Cela, je le reconnais et je me l'explique par-
faitement. Miguelito, brillant parleur, passablement retors et déloyal sur le chapitre des
promesses, manifesta un intérêt passionné pour
les aspirations des Catalans, tout en restant fort
vague quand il était question de prendre des en-
gagements : ces imprécises déclarations suffirent à
faire croire aux riches catalanistes qu'il soutien-
drait la cause de l'autonomie. De plus, les industriels et les capitalistes les plus combatifs, ceux
qui se sentaient menacés par les ouvriers,
admirèrent en lui le défenseur héroïque de la
société.

Lorsqu'il partit pour Madrid, tous ces groupes
l'acclamèrent à Barcelone comme s'il eût sym-
bolisé l'aurore d'un jour glorieux. La foule in-
consciente, qui, sentant que le pays était dans
une mauvaise situation, désirait un changement
sans savoir exactement lequel, applaudit également l'homme qui avait vaincu sans combattre.

En cinquante ans, je l'ai dit, la monarchie a
désorienté les Espagnols et empoisonné leur ju-

gement. Il existe en Espagne une masse considérable qui est prête à accepter toutes les idées pourvu qu'elles soient simples et faciles à retenir : à cette condition elles ont le droit d'être absurdes. La monarchie a su faire croire au pays que tous les maux dont il souffre sont imputables aux hommes politiques ; si, par hasard, il arrive quelque chose de bien, c'est au contraire l'œuvre du roi. Le pauvre souverain est un modèle de bonté, il aurait comblé son peuple de bienfaits si ces coquins de politiciens qui l'entourent ne l'en avaient empêché. Et ces malheureux hommes d'État, qui n'ont jamais été autre chose que les domestiques de la monarchie, se voient attribuer tous les vices et tous les crimes.

Le peuple espagnol, instruit par ses rois, a à sa disposition un qualificatif facile dont il gratifie tous ses goùvernants :

— Voleurs ! Tous sont des voleurs !

Et Miguelito, le barbier costumé en général, dont l'esprit a plus d'un point commun avec celui du vulgaire, a trouvé facilement le programme susceptible d'enthousiasmer une foule imbécile :

— Le roi est un grand homme, presque aussi grand, presque aussi probe, presque aussi pur que moi-même. Tous les hommes politiques qui ont gouverné jusqu'à ce jour ont été une bande de voleurs. Je les démasquerai et je les mettrai en prison.

Et, après avoir fait cette solennelle promesse,

le Messie régénérateur de la monarchie prit le chemin de Madrid pour purifier l'Espagne.

V

LA FAILLITE DU DIRECTOIRE

Le premier acte de Primo de Rivera fut de lancer un manifeste pour inciter tous les Espagnols à la délation : une impunité absolue leur était promise. Son idéal était de ramener l'Espagne au temps des accusations sans preuves et des autodafés : il se réservait le rôle de Grand Inquisiteur. Tout le monde pouvait lui envoyer une dénonciation et être assuré qu'il n'en révélerait l'auteur sous aucun prétexte.

Heureusement pour l'honneur de l'Espagne, peu de gens répondirent à cet infâme manifeste. Comme il avait fait sa révolution au cri de : « A bas les politiciens voleurs ! » il lui fallait prouver que tous ceux qui l'avaient précédé au pouvoir avaient commis des exactions scandaleuses ; mais, jusqu'à maintenant — après treize mois de gouvernement absolu — il a été incapable de prouver quoi que ce soit.

Un homme s'est attiré toutes les haines, a été l'objet de toutes les persécutions du Directoire militaire, c'est M. Alba. Ce ministre de la monarchie, relativement jeune, d'opinions résolument libérales, est devenu la « bête noire » de Primo de Rivera et de ses acolytes. Les raisons en sont aisées à deviner : quand il était ministre, M. Alba tenta d'établir un impôt sur les bénéfices des profiteurs de la grande guerre ; par respect pour les croyances des familles qui ne pratiquent pas la religion officielle, il décréta que l'instruction catholique ne serait pas obligatoire dans les écoles ; et — fait sans précédent — il obligea les ordres religieux à acquitter des taxes, les assimilant par là à des associations civiles. Il n'en fallait pas tant pour que les hommes de droite, ceux-là même qui soutiennent le Directoire, le considérassent comme un démagogue digne de leurs attaques et de leurs calomnies.

Enfin le roi déteste M. Alba parce qu'il est le seul ministre qui ait osé discuter avec lui, lorsqu'il a voulu prendre des mesures arbitraires et sortir de son rôle de monarque constitutionnel. D'autre part, ce ministre a eu le front de réaliser, de sa propre initiative, le rachat des Espagnols prisonniers dans le Rif, opération dont les généraux ne fussent jamais venus à bout ; et, peu de temps avant le coup d'état, il fit relever de leurs fonctions quelques-uns d'entre eux qui avaient fait preuve d'incapacité ou d'insubordination.

A l'heure du triomphe, les prétoriens du Directoire auraient fait assassiner M. Alba si celui-ci était demeuré à Saint-Sébastien auprès du roi.

Alphonse XIII n'ignorait pas ces projets et cependant n'en informa point son ministre. Mais celui-ci, — heureusement pour lui — passa la frontière et se réfugia en France. S'il s'était laissé assassiner, l'honneur lui aurait été ôté en même temps que la vie : les accusations de vol que lui prodigua Primo de Rivera avec une charlatanesque libéralité lui auraient tenu lieu d'oraison funébre. Le Directoire a intenté un procès à M. Alba. Primo de Rivera, pour juge de cette affaire, n'a rien trouvé de mieux à choisir que son propre adjudant. Tous les papiers privés de M. Alba, y compris ceux du caractère le plus intime, ont été saisis par les militaires vainqueurs; pourtant ceux-ci n'ont pu, jusqu'à maintenant, relever aucun fait délictueux à la charge de l'ancien ministre libéral. Primo de Rivera, supposant que la maladresse de son adjudant était la cause de cet échec, nomma un juge civil, un juge de carrière, fils d'un vieux serviteur de sa famille. On ne pouvait rêver désignation plus partiale et plus intéressée. Mais ce juge domestique ne put rien trouver de coupable dans la conduite de M. Alba et se vit obligé de reconnaître son entière innocence, après huit mois de recherches arbitraires au cours desquelles les menaces ne furent pas ménagées aux témoins, de qui l'on voulait obtenir des déclarations contraires à la vérité.

Les poursuites entreprises contre d'autres hommes politiques aboutirent à un échec du

même genre : ce fut en vain que le Directoire cher\
cha la preuve de ses accusations calom\
nieuses. On n'a vu nulle part apparaître ces ter\
ribles voleurs dont l'impunité, au dire de quel\
ques-uns, justifiait l'insurrection de Primo de Rivera. Le Directoire a fait une révolution con\
tre l'immoralité, et dès les premiers jours de son triomphe, on a pu voir que l'immoralité était de son côté. Tout le monde connaît les premiers actes de Primo de Rivera, cet éternel habitué des tripots et des maisons closes.

La famille d'un directeur de théâtres de Ma\
drid, homme à l'esprit affaibli tant par les an\
nées que par les excès, déposa une plainte contre une pierreuse qui, ayant acquis un grand ascendant sur le vieillard, la séquestrait littéra\
lement. La femme était surnommée la Caoba (l'Acajou), sans doute à cause de la couleur de ses cheveux. Le juge, ayant appris que la Caoba don\
nait de la cocaïne et d'autres stupéfiants à son vieux protecteur, ordonna son procès. Et ce fut à ce moment que le dictateur chargé d'assurer la félicité de l'Espagne oublia ses graves sou\
cis pour concentrer toutes ses facultés de guerrier et d'homme d'État sur cette affaire. Sans doute les amies qui le tutoient la nuit dans les maisons de passe de Madrid sollicitèrent-elles son aide.

— Miguelito, toi qui es si bon, tu devrais secourir la pauvre Caobita.

Et Miguelito écrivit au juge pour qu'il classât l'affaire et laissât en paix cette courtisane de bas étage. Le juge, défendant ses droits et le pouvoir civil, répondit que la justice n'avait pas à recevoir d'ordres et continua de faire son devoir. De plus, il ajouta qu'il ferait figurer parmi les pièces du procès la lettre que le dictateur lui avait envoyée. Celui-ci fit appeler le président du Tribunal Suprême, chef de toute la justice espagnole, et lui demanda de punir le juge. Le président lui répondit que son subordonné avait agi avec rectitude en refusant de prêter l'oreille à une recommandation et qu'il approuvait sa conduite de juge intègre. Alors Miguelito, pour faire plaisir à ses amies immatriculées sur les registres du gouvernement civil de Madrid, persécuta le juge et obligea le président du Tribunal suprême, tête de la justice espagnole, à prendre sa retraite. Tout pour la Caobita ! Vive la moralité !

Ce dictateur qui déclarait que la délation était une vertu publique, a érigé en principe de gouvernement la violation de la correspondance ; il fait ouvrir les lettres, n'hésite pas à en prendre connaissance, et fait condamner des citoyens coupables d'avoir fait connaître leurs pensées dans des lettres confidentielles.

Mon ami, l'éminent écrivain Miguel de Unamuno, un des premiers penseurs d'Europe, a été condamné à la déportation dans une des Canaries pour avoir communiqué à un de ses amis, résidant en Argentine, ses impressions sur le

Directoire. Ce correspondant, de sa propre autorité, avait publié la lettre de Unamuno dans
un journal de Buenos-Ayres. Pareillement,
M. Ossorio y Gallardo, ancien ministre conservateur, envoya à M. Maura, homme politique
d'extrême droite, une lettre où il contait les détails d'une affaire assez malpropre que le Directoire venait de traiter. Primo de Rivera fit ouvrir la lettre et emprisonner M. Ossorio y Gallardo.

Un simple article, publié dans un journal de
caractère professionnel, peut valoir — après
même avoir été préalablement examiné par la
censure ! — des poursuites à son auteur. Le
marquis de Cortina fut également déporté aux
Canaries pour une étude financière où il parlait
des erreurs du Directoire en matière économique.

Primo de Rivera qui, comme un vrai comédien, soigne ses effets scéniques et travestit tranquillement la vérité pour s'attirer des applaudissements passagers, sait que lui et ses compagnons ne pourront se maintenir au pouvoir s'ils
font délibérément preuve d'une brutalité solda-
tesque. Aussi s'est-il préoccupé de fonder un
parti civil intitulé l'*Union Patriotique ;* il se
propose d'abandonner en apparence le pouvoir
à des comparses costumés en civils, tandis que lui,
dissimulé dans la coulisse, continuera de gouverner.

Primo de Rivera, comme beaucoup de ses collègues militaires du gouvernement, est bon à tout... à tout sauf à son métier qui est de faire la guerre avec succès. Cet homme, qui a détruit la constitution de son pays sous prétexte que les militaires pourraient ainsi diriger avec plus de facilité les opérations de guerre, a passé dix mois sans s'occuper ni de la guerre ni de l'armée ; celle-ci est demeurée, presque oubliée, dans une inactivité inexplicable, jusqu'à ce qu'une offensive des Marocains vînt la surprendre dans des conditions pires encore qu'en 1921, c'est-à-dire qu'à l'époque où gouvernaient les civils. Pendant ce temps, le dictateur s'occupait d'organiser l'Union patriotique et d'aller de province en province pour recevoir les ovations que, sous la pression de ses impératifs acolytes, les habitants lui avaient préparées.

Le lecteur sait que tous les hommes politiques d'Espagne, y compris M. Maura (qui d'ailleurs fut toujours partisan, il faut le reconnaître, du pouvoir civil), se retirèrent de la vie publique, laissant Primo de Rivera régler toutes les affaires lui-même, ce qui était logique puisqu'il était le Messie espagnol et que tous les autres n'étaient que des voleurs.

Miguelito a tenté de copier Mussolini, mais il l'a fait gauchement et sans renoncer à ces manières d'histrion qui le caractérisent. Mussolini vient d'en bas ; il a un parti derrière lui et il s'appuie sur les masses populaires auxquelles il doit son succès. Le neveu héroïque du vieux

Primo de Rivera a commencé par faire un coup d'État ; puis voici qu'il entreprend — partant du haut pour atteindre le bas — de fonder un parti politique capable, espère-t-il, de justifier sa main-mise sur le pouvoir, vol qu'il a réalisé de nuit et avec effraction. Comme il a placé quelque quatre mille militaires — avec triple solde — à la tête des conseils municipaux et d'autres organismes politiques et administratifs, et que ces petits proconsuls exercent une espèce de terreur sur leurs subordonnés, il a pu constituer les premiers groupements de l'Union patriotique. Mais bien qu'il soit disposé à accorder un portefeuille à tout homme politique connu qui accepterait de faire partie du prochain cabinet, il n'a pu encore en trouver un seul qui consentît à jouer le rôle de comparse et à figurer dans un faux ministère civil qui ne serait que la forme nouvelle de la dictature.

La grande page de la vie politique de Primo de Rivera est le voyage qu'il a fait en Italie avec son protégé et prisonnier Alphonse XIII. Le tyran en uniforme s'en alla banqueter avec Mussolini, le tyran en jaquette et guêtres blanches (auquel, soit dit en passant, il faut reconnaître une grande supériorité sur son confrère espagnol).

Sans doute le vieil ouvrier italien, qui met en valeur la largeur de son front à la Napoléon et ne se laisse jamais voir que dans de majestueuses attitudes dignes de Jules César, a dû faire la grimace chaque fois que Miguelito — qui s'intitude lui-même le Mussolini espagnol — l'a traité en camarade.

Alphonse XIII, pour sa part, donna des preuves de discrétion, de tact et d'esprit moderne en lisant devant le pape son fameux discours. A la décharge du monarque, il faut dire que ce discours, ce n'est pas lui qui l'a écrit. L'auteur en est le père Torrès, fameux jésuite qui vit à Madrid, et ce morceau d'éloquence est digne de celui qui le composa. Le pape lui-même, paraît-il, s'effraya d'une intransigeance religieuse si extrême, d'un esprit catholique si étroit et si rétrograde.

Enfin, avec un sens politique admirable, le roi rappela que l'Espagne s'était toujours battue contre les Musulmans et ajouta qu'il continuerait à soutenir la lutte au Maroc pour y planter la croix et l'imposer aux fidèles de Mahomet. Les représentants de l'Espagne au Maroc n'ont cessé de répéter depuis des années, pour obtenir la soumission des Rifains et la paix, que le gouvernement espagnol reconnaîtrait la religion des Mahométans et qu'il la respecterait comme le font l'Angleterre, la France, d'autres pays encore, à l'égard des religions pratiquées dans leurs colonies. Mais l'arrière-petit-fils de Ferdinand VII détruisit en quelques minutes les effets de cette propagande, en lisant le discours écrit par le père Torrès où l'Espagne est représentée comme ayant la mission d'imposer la croix aux Mahométans.

Abd el Krim, qui est une espèce d'Espagnol vêtu en Arabe, puisqu'il a passé la plus grande partie de sa vie à Melilla au service de l'Espagne, ne laissa pas passer une occasion si favorable à ses desseins ; il fit traduire en arabe l'œuvre littéraire du jésuite que le roi avait lue, et la répandit dans toutes les tribus marocaines que l'Espagne considérait comme étant sous son protectorat.

Il faut savoir ce que le Pape représente pour les Mahométans, et l'importance que revêt à leurs yeux une déclaration du genre de celle que fit Alphonse XIII au Vatican. Un tel discours donna une vie nouvelle à la cause d'Abd el Krim et lui procura plus de partisans qu'il n'eût pu en acquérir à coups de millions. Grâce au discours du roi, la guerre prit un caractère religieux, et s'étendit à la partie occidentale du Maroc qui était demeurée pacifique jusqu'alors.

Des centaines d'Espagnols sont morts à cause du morceau d'éloquence d'Alphonse XIII et du père Torrès.

Si ce discours n'a pas été accueilli par un tonnerre d'applaudissements, il faut reconnaître qu'il a déchaîné une tempête de balles.

A son retour d'Italie, Alphonse XIII passa par Valence et là, prononça un autre discours à l'heure des toasts. Dans ces instants-là, le roi d'Espagne et Primo de Rivera se sentent toujours orateurs et ils s'expriment avec la prudence des gens ivres, à moins qu'ils n'aient entre les mains un discours préparé d'avance par un jésuite.

Le roi déclara que les hommes politiques qui avaient gouverné avec lui étaient presque tous des voleurs, et tous des imbéciles ; il ajouta que si le Directoire ne les avait pas chassés du pouvoir, il aurait dû se charger de le faire lui-même. Le discours était si stupide et si inopportun que, en dépit de la qualité de son auteur, les membres du Directoire demeurés à Madrid — n'ayant pas participé au banquet, ils avaient des idées claires — interdirent aux journaux de le reproduire.

Mais le discours n'en a pas moins été prononcé et il est opportun qu'il ne tombe pas dans l'oubli. Aujourd'hui Alphonse XIII est prisonnier du Directoire et songe avec nostalgie à ses souples et obéissants ministères civils, avec lesquels il avait bien quelques difficultés, mais qui finissaient toujours par faire ce qu'il voulait. Les choses ont été fort mal au contraire avec les hommes du Directoire, et cela parce qu'ils ont la même nature, le même caractère que le roi. Aussi celui-ci songe-t-il que le temps et les désastres pourraient bien le libérer de ces implacables précepteurs ; il cherchera alors, avec sa souriante hypocrisie, à se rapprocher de ses anciens ministres. Je ne sais si ceux-ci se rappelleront à cette époque le discours prononcé à l'heure des liqueurs au banquet de Valence : « Presque tous mes ministres ont été des voleurs, et tous, sans exception, des sots et des imbéciles. »

Du point de vue militaire comme du point de vue civil, l'échec du Directoire est complet.

Il avait parlé des nombreux ministres qu'il allait mettre en prison, des turpitudes qu'il pensait découvrir. Jusqu'à présent, il n'a mis en prison que des gens honorables dont il a ouvert les lettres comme eût pu le faire un voleur. Il n'a révélé aucune turpitude d'homme politique connu, malgré les méthodes d'instructions inquisitoriales employées contre M. Alba et d'autres personnalités. Toute son œuvre moralisatrice s'est réduite à suspendre quelques employés qui arrivaient en retard à leur bureau, à faire passer en jugement des secrétaires de petits conseils municipaux qui avaient commis des irrégularités portant sur des sommes peu élevées, ou quelqu'une de ces négligences propres aux administrations fossilisées. Certains de ces insignifiants employés, gens timides, terrifiés par le despotisme militaire, se sont suicidés. Le peuple espagnol, édifié sur l'action « moralisatrice » du Directoire, répète une phrase cruelle :

— Ils nous ont promis de la viande de ministre, et ils ne nous ont donné que des os de pauvres employés.

Par contre, la malhonnêteté est devenue plus patente et plus répugnante au sein même de l'armée. La guerre du Maroc actuelle fournit le prétexte et l'occasion de nombreux vols. Jamais on n'en a connu autant dans l'armée espagnole, et comme il y a, dans celle-ci, beaucoup d'hommes probes qui se taisent par discipline, on peut dire que l'armée, en général, souffre en silence des actes scandaleux dont une petite minorité se rend coupable. Ces détournements, le Directoire ne les a pas punis jusqu'à maintenant et sans doute ne les punira jamais. Les militaires qui vivent entièrement de leur solde et dont les familles ne jouissent pas d'un luxe de millionnaires, désirent le châtiment de ces camarades indignes qui s'enrichissent à la faveur de la guerre. Primo de Rivera n'est pas dans les mêmes dispositions, car s'il punissait, il désobligerait beaucoup de ceux qui l'appuient.

Le général Bazan, esprit droit et rigide, fut chargé d'enquêter sur les vols commis au Maroc et, dès le début de ses recherches, se révélèrent d'énormes détournements qui se chiffrent par millions de pesetas.

Mais Miguelito, par esprit de camaraderie — ou pour une autre raison — étouffa l'affaire et jusqu'à cette heure rien n'a été fait qui puisse prouver son désir d'assainir moralement le pays. Là où il y a des civils, le Directoire ne voit que des voleurs ; tout homme qui porte un uniforme est, par contre, jugé incapable de voler. Et les militaires qui n'ont rien à se reprocher et qui, heureusement, constituent la majorité, souffrent de cette absence de justice qui fait confondre bons et mauvais, et accroît le scepticisme général.

Mais c'est en matière d'opérations militaires que l'échec du Directoire atteint son comble et devient tristement grotesque. Jamais, au temps des ministères civils, les troupes espagnoles n'avaient essuyé de défaites aussi considérables que celle subie ces derniers temps ; jamais la partie occidentale du Maroc ne s'était soulevée. « Avec un ministère civil, déclaraient les généraux, une guerre victorieuse est impossible : on ne nous laisse pas agir librement ! » M. Alba, qui formulait souvent des objections lorsqu'il apprenait les plans absurdes des généraux, devint l'objet d'une inapaisable haine : on le considérait comme un traître à la patrie et sa mort était désirée « parce qu'il privait l'armée de jours de gloire ».

Le Directoire a triomphé complètement ; il n'a plus rencontré d'obstacle ; il a prodigué l'argent et les hommes : et pourtant on ne peut imaginer défaite plus complète. Tout d'abord ces généraux devenus hommes d'État, ces généraux qui devaient immédiatement faire la guerre, restèrent dix mois sans songer à l'armée. Les troupes, pendant ce temps, ne tentèrent aucune avance et se maintinrent sur leurs anciennes positions, comme elles avaient fait au temps du gouvernement constitutionnel. Elles ne bougèrent que lorsque Abd el Krim, qui en réalité dirige les opérations, les attaqua et les mit en déroute.

Primo de Rivera, quand il eut reçu ce dernier coup et se vit contraint à la retraite, entreprit de justifier la défaite qu'il avait subie : il avait toujours soutenu, déclara-t-il, que les troupes devaient se retirer dans les ports de la côte. S'il en est ainsi, pourquoi n'a-t-il pas ordonné ce recul dès son accession au pouvoir ? A' quel sublime plan stratégique a-t-il obéi en demeurant tranquille pendant dix mois, en faisant des voyages de triomphateur à travers l'Espagne et en laissant l'armée dans l'oubli ?

Ce foudre de guerre se contenta de croire que les troupes pourraient se maintenir sur leurs anciennes positions tant qu'il le voudrait, et il attendait une occasion propice pour ordonner une avance qui procurât quelque fausse gloire à son Directoire. Mais il oublia qu'Abd el Krim, son ancien camarade de Melilla, était meilleur général que lui-même. Il ne put soupçonner que le chef marocain passerait de la zone orientale à la zone occidentale, allumant la guerre dans les tribus demeurées jusque-là relativement paisibles.

Enfin Primo de Rivera a contribué puissamment à ce désastre par un de ses discours. L'éloquence du dictateur et celle du roi sont fatales à l'Espagne. Ces deux néophytes de la tribune causent plus de mal au pays en remuant leurs langues que les ennemis ne pourraient le faire en se servant de leurs armes.

Nous avons dit le sanglant service que le roi avait rendu à la nation en lisant l'élucubration du jésuite Torrès. Miguelito, non moins discret et prudent qu'Alphonse XIII, crut nécessaire de faire connaître à ses camarades, au dessert d'un banquet qui eut lieu à Malaga (toujours le moment des grandes libations !) les plans stratégiques qu'il comptait mettre en œuvre au Maroc ; il annonça ainsi dans un discours, reproduit ensuite par les journaux, qu'il comptait abandonner une grande partie des territoires occupés en Afrique : dorénavant on se contenterait de tenir les anciennes places espagnoles.

Je sais que le maréchal Lyautey, grand spécialiste en matière d'affaires marocaines, se prit la tête entre les mains, stupéfait de l'imprudence d'un tel discours.

— Ces choses-là, dit-il, on les fait si elles sont nécessaires, mais on ne les publie pas d'avance !

En effet, le discours où Primo de Rivera annonçait sa retraite fut traduit en arabe par Abd el Krim qui le fit circuler parmi les tribus du Maroc occidental : l'effet produit fut foudroyant. Les Arabes amis des Espagnols ou simplement neutres, se soulevèrent en toute hâte contre nos troupes et les attaquèrent. Il fallait que ces tribus prissent en effet parti avant que notre retraite ne les laissât seules en face du victorieux Abd el Krim. Elles voulaient obtenir le plus vite possible son amitié et lui rendre des services pour éviter qu'il ne les châtiât... Et toutes, avec une belliqueuse émulation, marchèrent contre nos soldats : tels furent les fruits de l'imprudence du bavard Miguelito.

Le désastre du Maroc occidental a été plus considérable durant ces dernières semaines que ne l'avait été celui d'Annual en 1921. Dans l'armée commandée par le Directoire, il y a eu plus de dix-sept mille morts, blessés ou disparus. Il y a actuellement plus de mille prisonniers entre les mains d'Abd el Krim. Des quantités considérables de canons et de munitions sont tombées au pouvoir des Marocains. Ceux-ci se sont emparés de parcs entiers.

Ajoutons que la majeure partie des habitants de cette zone, soulevés par l'avis que leur avait donné Primo de Rivera dans son discours, étaient armés de fusils que leur avaient donnés les prévoyants généraux de l'Espagne.

Abd el Krim sourit des propos de certains nigauds, partisans du Directoire, qui, après avoir déclaré en d'autres temps, par esprit réactionnaire, que la France fournissait des armes aux Rifains, affirment aujourd'hui que c'est l'Angleterre qui leur procure du matériel de guerre.

— Pourquoi les autres nations d'Europe me donneraient-elles des armes ? dit le chef marocain. Il me suffit de celles que me fournissent les généraux espagnols dans leurs retraites et leurs déroutes.

Il dit vrai ; peut-être même n'arrive-t-il pas à employer tout ce matériel : Primo de Rivera et ses collègues lui en procurent, par leurs maladresses, de trop grandes quantités.

Tandis que le dictateur faisait des discours de propagande en Galice, les troupes demeurèrent oubliées, alors qu'elles se trouvaient dans une situation peut-être pire qu'en 1921. Cinq mille Marocains commandés par Abd el Krim ont suffi, en courant de l'est à l'ouest, pour infliger cette défaite, plus lourde encore que celle d'Annual, à une armée de cent mille hommes.

Au cours de la déroute de la zone occidentale, nombreux ont été les épisodes héroïques ; mais finalement, ce n'en est pas moins une déroute. Beaucoup de positions ne se sont rendues que sur l'ordre télégraphique du dictateur. Dans l'une d'entre elles, l'officier commandant, sachant bien ce qu'est la captivité chez les Marocains, abattit les blessés à coups de revolver, puis se tua. Mais avant de se suicider, il écrivit une brève lettre, où il maudit Primo de Rivera et l'envoya... où il mérite d'être.

La lettre de ce martyr du devoir est le plus éloquent commentaire de l'échec militaire du Directoire.

Échec encore en matière sociale. Pour résoudre les difficultés ou les atténuer, le dictateur n'a rien fait et ne pourra rien faire. Les gens qui s'en tiennent aux apparences et ne réfléchissent point diront qu'actuellement il n'y a d'attentats ni à Barcelone ni dans les autres villes. Il n'y en a pas, en effet, parce que le pays est en état de siège. Il n'y en avait pas non plus quand le pays était gouverné par des civils et que ceux-ci établissaient l'état de siège. Mais une situation exceptionnelle ne peut durer indéfiniment, pas plus que ne peut se prolonger, dans un organisme humain, un état provoqué par des anesthésiques ou des soporifiques. Un jour il faudra revenir au régime normal, et des attentats auront certainement lieu de nouveau, puisque le Directoire n'en a pas supprimé les causes, mais au contraire en a accru le nombre. Les attentats provoqués par des luttes sociales ne peuvent prendre fin que le jour où l'on aura complètement transformé le régime actuel.

L'état de siège perpétuel dans lequel se trouve placée l'Espagne, les actes arbitraires du gouvernement militaire font naître l'insécurité et la peur ; on voyage beaucoup moins, chacun reste chez soi, les hôtels sont vides, et le commerce supporte les conséquences de cette paralysante appréhension. Grâce au Directoire la peseta baisse tous les mois, et les vivres deviennent chaque jour plus chers. La vie devient presque impossible pour l'Espagnol pauvre sous le gouvernement de ces soutiens de l'ordre — de l'ordre tel qu'on le conçoit dans les casernes — et de ces organisateurs de la famine, mère de l'obéissance. Que le Directoire dure un an de plus, la catastrophe et la faillite nationale seront complètes.

Il faut dire — fût-ce brièvement — ce qu'a

fait ce gouvernement moralisateur du point de vue économique. Il aurait pu accomplir des réformes avec plus de facilité que les ministères civils, puisqu'il n'avait pas à vaincre les résistances traditionnelles. Mais il s'est contenté de consacrer tous les anciens abus et de supprimer le petit nombre de réformes qu'avaient réalisées les ministères libéraux du point de vue financier. Par exemple, il a exonéré de tout impôt les associations religieuses, en supprimant la loi qui les astreignait à certaines obligations fiscales. Mais, redoutant les commentaires, il a interdit à la presse de parler de cette mesure rétrograde.

Il a fait des économies fictives, en supprimant quelques petits emplois, en même temps qu'il créait de grands postes pour les généraux. Primo de Rivera a augmenté sa propre solde et s'est attribué cinquante mille pesetas pour frais de représentation, ce que jamais aucun premier ministre civil n'avait osé faire.

En une seule année de Directoire, la dette flottante a augmenté environ d'un milliard de pesetas.

Au temps du régime constitutionnel, c'est-à-dire il y a un an, la peseta-papier cotait à peu près vingt-six centimes de moins que la peseta-or. Aujourd'hui, sous le régime militaire, la peseta ne cote plus que cinquante pour cent de sa valeur or, et sa chute ne fera que s'accentuer.

Pour tenir solidement le pays sous sa poigne, le Directoire prodigue soldes et gratifications dans des proportions jusqu'alors inconnues. Il existe quatre mille délégués militaires répartis dans les provinces espagnoles avec divers titres ; ces hommes régentent les municipalités, gourmandent les alcades comme s'ils étaient des recrues, introduisent dans le gouvernement du peuple des procédés de caserne et donnent leurs ordres cravache en main. Ces délégués touchent leur solde d'officiers, une gratification du gouvernement et une rémunération supplémentaire que leur votent les conseils municipaux terrifiés par ces petits proconsuls. Au total : trois traitements. De plus, les conseils municipaux doivent leur fournir, quelquefois gratuitement, un logement pour eux et leur famille.

Tous les commissaires de la Terreur militariste sont des protégés de Primo de Rivera et ils forment le principal noyau de ses admirateurs et partisans. Quand le dictateur voyage en province, ces délégués en éperons conduisent comme des troupeaux les conseils municipaux et les obligent à prodiguer les ovations à Primo de Rivera proclamé « le Sauveur de l'Espagne ».

Comme le président du Directoire est un homme sans scrupules et que ses goûts pour les effets scéniques sont fort prononcés, il se sert de ces gens terrifiés pour abuser le reste du pays. Les alcades et les secrétaires des conseils municipaux signent par peur tout ce que leur demandent les délégués militaires et ainsi, à l'aide de statistiques falsifiées, le Directoire prétend

faire croire que, sous son gouvernement, le pays
réalise de grands progrès moraux, et que les
ressources publiques augmentent d'une façon
inouïe.

Miguelito, dans le fond, n'est pas un mauvais
homme. Je saisis l'occasion de le dire. Jusqu'à
ce jour, il n'a tué personne et je le crois incapable d'ordonner un assassinat du genre de celui de Matteoti. A vrai dire, il n'a pas besoin
de prendre cette sorte d'initiative. Il a auprès
de lui quelqu'un qui se charge des assassinats.

Lui, et le plus grand nombre des généraux du
Directoire, ne sont que de pauvres gens orgueil-
leux, dont le plus grand défaut consiste à se
croire possesseurs d'une intelligence et de ca-
pacités militaires qu'ils n'ont jamais eues. La
vanité de ces personnages est si grande qu'à leurs
yeux tous ceux qui ne les admirent pas, eux et
le roi, sont « des ennemis de la patrie ! » Mais
auprès de ces hommes est le ministre de la Police, le général Martinez Anido, un véritable mal-
faiteur que tout le monde connaît en Espagne.
Cet individu a sur la conscience (si tant est qu'il
en possède une) des centaines d'assassinats,
qu'il a fait exécuter par une troupe de bandits
à sa dévotion : « les pistoleros ».

La plupart des criminels qui sont dans les
bagnes ont moins de forfaits à leur actif que ce
général Martinez Anido, qui ne peut pas même
alléguer à sa décharge qu'il est l'exécuteur terrible et désintéressé de la cause de l'ordre,

comme l'étaient les généraux qui dirigeaient la police des tsars au temps de l'absolutisme russe. En lui, s'unissent la passion malsaine du sang et l'amour du lucre. Ceux qui sont au courant de sa vie comme préfet de Barcelone, estiment qu'il a gagné là plus d'un million de pesetas. Tandis qu'il ordonnait quotidiennement des assassinats, il se faisait payer en effet des redevances considérables par les tripots, les maisons de prostitution et les organisations de spectacles licencieux. Primo de Rivera et ses collègues peuvent s'offrir le luxe de paraître bienveillants et tolérants. Leur camarade Martinez Adino se charge de tuer pour eux.

Une des mesures les plus urgentes pour l'Espagne est l'organisation de son enseignement public. En aucune nation d'Europe, la pénurie d'écoles n'est aussi frappante. Tous les partis, même ceux d'extrême droite, conviennent que le pays manque d'enseignement élémentaire. D'après les calculs le plus récents, il faudrait cinquante mille écoles nouvelles pour que notre pays fût au niveau des grands peuples européens. De ce point de vue, le Directoire n'a rien fait depuis qu'il est au pouvoir. Certainement il objectera, comme tous les gouvernements monarchistes, qu'il n'a pas d'argent pour organiser l'instruction publique. Mais l'argent, hélas ! on le trouve toujours en Espagne pour faire des guerres qui servent à distraire un roi sportif, désireux de jouer au soldat !

La guerre du Maroc coûte actuellement cinq millions de pesetas par jour. Avec la moitié de cette somme, on pourrait faire fonctionner ces cinquante mille écoles modernes et changer ainsi, du même coup, l'aspect moral de la nation. La plus grande partie des maux qui accablent l'Espagne a pour cause le manque d'écoles nouvelles et la médiocrité, les traditionnels défauts de celles qui existent.

La question catalane fut, elle aussi, l'occasion d'un échec pour le Directoire. Primo de Rivera commença son mouvement de révolte contre la légalité constitutionnelle en s'appuyant sur la bourgoisie catalane et en flattant les « Catalanistes ». Lorsqu'il prit le pouvoir, il traita ses alliés de la première heure avec une déloyale brutalité qui indigna tout esprit droit. Il autorisa des fêtes publiques organisées par les Catalanistes, pour se donner ensuite le plaisir de lancer la cavalerie sur la foule et de la faire sabrer sauvagement. Il organisa des embuscades pour pouvoir frapper les Catalans, qu'il espérait ainsi réduire par la terreur. Une telle conduite n'a servi qu'à exciter davantage les passions des Catalans et à agrandir le fossé qui les sépare du reste de la nation.

Dans toutes les questions d'intérêt national, la politique du Directoire a fait faillite. Aucune mesure utile, positive, n'a été prise par ce gouvernement dictatorial.

Personne ne peut croire à sa parole. Les manifestes, les documents et les statistiques qu'il publie, tout cela n'est que mensonge et falsification. Primo de Rivera est un cynique d'humeur joyeuse qui traite les affaires de gouvernement avec la désinvolture qui convient aux propos échangés, au milieu de la nuit, devant des tables chargées de coupes bien remplies.

Parfois les vieux employés des ministères lui ont fait des observations sur les libertés excessives qu'il prenait avec les chiffres et les rapports. Il joue avec eux en effet comme un jongleur avec des balles et s'en sert pour présenter les choses sous un jour complètement faux. L'important pour lui est de duper momentanément le pays et de lui faire croire qu'il goûte les délices du paradis ; sur l'avenir il n'a aucune idée précise, il va de l'avant... mais sans savoir où. Il compte sur le temps et sur le hasard pour le tirer du bourbier. Il s'y enfonce chaque jour davantage.

<h1 style="text-align:center">VI</h1>

LA FAILLITE DE LA MONARCHIE

Le Directoire est un danger pour le monde entier. Les nations de régime démocratique, qui sont aujourd'hui les premières de l'humanité, ne doivent pas se désintéresser du gouvernement actuel de l'Espagne : il représente un périlleux anachronisme.

Les républiques de l'Amérique latine subissent l'influence de ce régime illégal et absurde. Depuis que le Directoire existe, certains présidents tyranniques de républiques sud-américaines considèrent que leur propre conduite est amplement justifiée par l'instauration du gouvernement militariste dans ce qu'ils appellent la « mère-patrie ». Dans une république sud-américaine qui a derrière elle une longue tradition de gouvernement civil, un régime militariste vient de s'établir, dans le style espagnol.

Dans le discours qu'il a lu devant le Pape, discours digne d'un souverain du moyen âge, Alphonse XIII n'a reconnu comme vrais Espagnols que les catholiques; il n'a pas voulu tenir compte des citoyens qui ne professent pas cette religion... Les protestants et les libres-penseurs sans doute sont considérés comme n'ayant plus droit à la vie.

Grâce au gouvernement du Directoire, les Jésuites sont en train de reprendre possession de l'Espagne. Alphonse XIII, durant son séjour à Rome, a invité le général des Jésuites à venir visiter ce qu'il appelle « ma nation ».

Je crois que c'est la première fois, depuis le temps de saint Ignace de Loyola, que le général des Jésuites est venu visiter l'Espagne. Au moment où j'écris ces lignes, cet important personnage se trouve dans notre pays ; il y reçoit toutes sortes d'hommages ; il est une espèce de « roi noir » qui, dans le fond de sa pensée, se considère comme le véritable souverain de la nation. Alphonse XIII a été prononcer un discours de plus devant l'Université des Jésuites de Deusto. La Compagnie de Jésus profite de cette vague d'influence, dont elle est redevable au Directoire, pour obtenir de Miguelito qu'il lui accorde l'enseignement de la religion dans les Universités, ce qui est un moyen sûr de les tenir sous son influence occulte. Être protestant, ou avoir des idées religieuses qui ne sont point catholiques, est considéré en Espagne comme une véritable tare qu'il faut tenir cachée. Les sanctuaires qui ne sont pas catholiques ne peuvent exister qu'à l'intérieur d'un édifice ; leur existence ne doit pas être révélée sur la rue par des signes extérieurs ; il faut les dissimuler comme des lieux de perdition.

Le Directoire, s'il continuait de se maintenir au pouvoir, Alphonse XIII, s'il conservait son trône, deviendraient des dangers pour la paix du monde. Alphonse XIII est à la dévotion de la maison Krupp et de toutes les maisons allemandes qui veulent bien lui donner un pot de vin. Le roi est actionnaire de la Compagnie de Navigation Transméditerranéenne : il possède trois mille actions libérées qui lui ont été données pour qu'il appuie de son influence la dite compagnie. C'est elle qui fait, sur ses vapeurs, les transports de troupes et de matériel pour l'armée du Maroc. D'où il résulte que le roi a intérêt à voir la guerre se prolonger. Tant qu'elle durera, la Compagnie Transméditerranéenne fera de bonnes affaires et le roi touchera de gros dividendes.

La Transméditerranéenne possédait d'importants chantiers dans le port de Valence : elle les a vendus récemment à la maison Krupp. A l'occasion de cette vente, les actionnaires de la société espagnole se divisèrent en deux groupes. L'un d'entre eux comprenait les actionnaires d'idées libérales et partisans des alliés. Ce groupe s'opposa à la vente des chantiers à la maison Krupp, car il comprenait le but que poursuivait la société allemande en cherchant à faire cette acquisition. Mais le roi se déclara pour la vente, — il avait chargé un de ses courtisans de le représenter, lui et ses trois mille actions, — et celle-ci se trouva du coup décidée à une énorme majorité. Depuis quelques mois, les importants chantiers de Valence appartiennent à la maison Krupp.

Cette même maison finit actuellement de conclure l'achat d'importantes fonderies de fer à Barcelone et elle va acquérir d'autres établissements à Tarragone, pour y aménager des installations maritimes et de grands ateliers. Toutes ces affaires se négocient sous la protection et avec l'appui occulte d'Alphonse XIII.

Il suffit d'examiner une carte de la côte méditerranéenne d'Espagne : Barcelone, Tarragone, Valence, tout cela est à Krupp et l'on dit que le mouvement d'expansion allemande va continuer sous la protection de Primo de Rivera et d'Alphonse XIII. De nouveaux établissements Krupp s'installeraient à Malaga et aussi à Algésiras, en face de Gibraltar.

La France et l'Angleterre diront ce qu'elles pensent de tout cela.

Des ateliers Zeppelin vont se monter à Séville. Sous prétexte d'organiser un service aérien entre l'Espagne et l'Amérique du Sud, l'Allemagne va créer en pleine péninsule un centre producteur de dirigeables de guerre.

L'Espagne, tyrannisée chez elle, se voit entraînée à jouer au dehors un rôle déloyal et odieux vis-à-vis des nations avec lesquelles elle a le plus d'affinités. Il faut mettre fin à cette situation indigne et équivoque, et l'on ne saurait y parvenir qu'en faisant disparaître celui qui cause tous les maux actuels, celui qui représente l'institution corruptrice responsable du lamentable état de choses présent.

Alphonse XIII doit quitter le sol de l'Espagne. D'ailleurs, lui-même et quelques-uns de ses généraux ont si bien conscience de leur défaite morale qu'actuellement, ils ne pensent qu'à amasser de l'argent pour assurer leur avenir.

Jamais, dans l'histoire d'Espagne, on ne vit piller la nation avec autant d'avidité, et cela pour le profit de certaines affaires privées. En une année de gouvernement militariste, on a vu conclure des affaires inouïes. On accorde des concessions scandaleuses à des compagnies de chemin de fer. Le monopole des téléphones pour toute l'Espagne a été accordé à une société, sans concours ni adjudication ; inutile de dire que d'énormes pots-de-vin, intelligemment répartis, ont facilité l'affaire. On a été jusqu'à créer un privilège d'agences de spectacles pour la revente des billets de théâtres, cinémas et courses de taureaux : il a été accordé à un individu moyennant versement annuel au trésor public d'une somme de un million de pesetas ; quant aux personnages qui lui ont permis de faire une si bonne opération, ils touchent un peu plus... secrètement.

Primo de Rivera, le joueur par excellence, a supprimé le jeu en ces derniers temps ; tout le monde connaît le but de cette interdiction : elle permettra de réaliser une bien meilleure affaire par la suite, une affaire qui va se trouver plus appétissante qu'elle n'eût pu l'être antérieurement, puisque c'est le monopole des jeux de toute l'Espagne que l'on va pouvoir céder à une entreprise qui versera publiquement une somme destinée à des œuvres de bienfaisance, et paiera en secret une autre somme, beaucoup plus importante, à ceux qui lui auront procuré le privilège. On parle déjà des hommes et des sociétés qui se disputent cette affaire. Certains nomment l'inévitable M. Marquet, d'autres une maison française, d'autres un multimillionnaire grec qui a une grosse part dans la Société de Monte-Carlo.

Le roi et ses associés agissent comme les gens sans scrupules qui, lorsqu'ils se voient contraints de quitter une maison, emportent jusqu'aux clous des murs. Ils font argent de tout, exploitent la situation présente, situation exceptionnelle puisqu'il n'y a pas de Parlement qui puisse critiquer les actes du gouvernement et que les journaux, bâillonnés, ne publient que les articles autorisés par la censure.

Des agents — on peut présumer qu'ils jouissent de solides appuis — vont proposer des monopoles à des capitalistes de France, d'Angleterre, des États-Unis, monopoles qu'ils se font fort de leur procurer moyennant de grosses commissions. J'ai eu l'honneur de faire échouer quelques-unes de ces affaires et je saisis l'occasion de dire aux capitalistes de tous les pays :

— Ne faites pas d'affaires avec le Directoire, ni avec Alphonse XIII, roi des commissions et des actions libérées. Quand l'Espagne connaîtra de nouveau une vie légale et qu'elle jouira de tous ses droits, elle soumettra à une révision toutes les affaires datant de l'époque du Directoire, et il est presque certain qu'elle refusera de reconnaître leur validité, d'abord parce qu'elles ont été traitées à une époque d'illégalité, et, en second lieu, parce que la plupart d'entre elles sont le résultat de viles combinaisons.

La monarchie, qui a empoisonné l'esprit national et amolli le caractère audacieux et viril
de l'Espagnol, compte sur l'indécision et la
crainte des classes conservatrices. — « Si le roi
s'en va, qu'arrivera-t-il ? » se demandent des
milliers de gens simples.

Bien certainement il n'arrivera rien d'aussi
terrible ni d'aussi absurde que la guerre du Maroc, et la nation, par contre, pourra faire figure
de peuple moderne et jouir d'une meilleure réputation auprès des grands peuples civilisés, ce
dont elle a bien besoin.

Depuis la Grande Guerre, il a disparu d'Europe quelque dix-huit rois ; leurs nations n'en
sont pas mortes pour cela. Alphonse XIII sera
le dix-neuvième et l'Espagne vivra mieux qu'aujourd'hui.

La guerre nous coûte cinq millions de pesetas
par jour. Peut-elle se prolonger ? L'Espagne est
pauvre. La guerre européenne a fait entrer chez
elle douze milliards d'or qui ont provoqué un
bien-être passager. Ce bien-être eût pu se prolonger si ces richesses inattendues avaient été
utilisées pour des œuvres de paix. Mais la majeure partie de ces richesses a été perdue par une
bourgeoisie imbécile qui s'est laissé prendre à
l'escroquerie allemande des.marks, et le reste est
follement gaspillé pour une guerre malheureuse
qui ne signifie rien.

Je comprends qu'on combatte et qu'on meure
pour défendre le territoire national, l'intégralité

de la patrie, mais en quoi le Maroc nous inté-resse-t-il ? Il peut intéresser Alphonse XIII qui veut jouer au Kaiser et traite la jeunesse espa-gnole comme si elle n'était qu'une boîte de sol-dats de plomb. Il peut intéresser une partie de l'armée qui, dans son inconscience et sa rapa-cité, désire une guerre pour gagner des galons ou faire des affaires, dût la ruine du pays en ré-sulter. Il peut intéresser les fanatiques qui parlent de la Croix et du Croissant et veulent, tout comme au moyen âge, continuer la croisade contre les Maures.

Mais il y a une partie de l'armée qui est probe, réellement patriote, et qui maudit tout bas cette guerre inutile, sanglante, cette guerre dont les résultats ne peuvent être qu'incertains, et qui n'est, après tout, que la guerre du roi et non pas la guerre de la nation. Il est des mères et des épouses espagnoles qui pleurent cette lutte sans gloire où ont succombé plus de vingt-cinq mille hommes, c'est-à-dire le quart de l'armée com-battante. Et nous tous, Espagnols, nous consta-tons que, depuis quatorze ans, nous payons les frais de ce caprice guerrier de l'éternel adolescent royal.

— Qu'arrivera-t-il, si le roi s'en va ? bêle le troupeau des simples et des peureux.

Il arrivera que nous tous, Espagnols de bonne volonté, nous nous réunirons pour créer de nou-veau une nation espagnole qui, depuis des an-nées, a cessé d'exister. Tous pourront collaborer à cette œuvre sainte : les travailleurs manuels, les intellectuels, tous ceux dont l'épée est restée pure, tous ceux qui sont exercés à tenir un fusil, tous ceux qui veulent servir, les armes à la main, la cause de la nation et non pas celle d'une dynastie ou d'une classe ; en un mot tous les Espagnols qui aiment l'Espagne et désirent la voir maîtresse de sa propre destinée.

Que pour la première fois, après un demi siècle de silence, se fasse entendre la volonté nationale ! Que disparaissent tous les affamés de plaisir et de richesses qui se promènent en uniforme à toute heure et répètent vaniteusement à chaque minute : « Nous, les soldats ! », alors qu'ils ne sont point des soldats, comme ils ne l'ont que trop démontré au cours d'une guerre qu'ils ont eux-mêmes provoquée et entretenue.

La faillite de la monarchie des Bourbons est complète. Le Directoire, qui est sa dernière création, a échoué pareillement ; mais au moment de disparaître, il se cramponne au roi avec ses bras de pieuvre et le retient prisonnier pour l'entraîner dans sa perte.

Alphonse XIII est aujourd'hui le captif de Primo de Rivera, son complice du coup d'État. Le dictateur connaît le caractère dissimulé du souverain, sa déloyauté à l'égard de ses amis, son goût pour les intrigues et les conspirations. Il sait que le roi cherche l'appui d'autres généraux pour le renverser, et il ne cache pas son opinion sur de tels manèges. Je respecte trop la vie privée des familles pour répéter les propos injurieux que Primo de Rivera tient sur le roi.

Alphonse XIII évite de se montrer en public. Il passe des semaines entières dans ses domaines royaux, ce qui ne le délivre pas d'ailleurs de la surveillance soupçonneuse de Primo de Rivera. Deux capitaines, désignés par le Directoire, le suivent de loin pendant ses promenades, l'espionnent et restent de garde dans son antichambre. La censure du Directoire ouvre toutes les lettres adressées à Alphonse XIII. Primo de Rivera craint que le roi ne s'entende avec un autre général courtisan — comme il s'est entendu avec lui-même — pour préparer un second coup d'État, mais, cette fois, contre le Directoire.

Parmi les généraux dévoués à la monarchie, il existe, paraît-il, divers groupes qui nourrissent les uns à l'égard des autres une hostilité réciproque. Grâce à Alphonse XIII, les généraux espagnols rappellent aujourd'hui les généraux mexicains. Il faut ajouter, à l'honneur des généraux du Mexique, que, lorsqu'ils se détestent, ils se font la guerre et se fusillent tranquillement. Les Obregon d'Espagne ont peur les uns des autres et ne se combattent qu'à coups d'intrigues, de ragots et d'ironie féminine. C'est ainsi que Primo de Rivera éloigna d'Espagne son rival Cavalcanti, en l'envoyant étudier l'organisation des armées balkaniques.

Il n'est pas difficile de reconstituer paisiblement l'Espagne sous une forme moderne qui permette tous les progrès. Avant tout, il faut que le roi s'en aille. Nous ferons ce que vient de faire la Grèce. Un gouvernement provisoire, composé de tous les éléments que le régime tombé n'aura pas contaminés, se constituera, et la nation pourra exprimer librement sa pensée, rétablir la vie constitutionnelle ; tous les citoyens recouvreront la jouissance complète de leurs droits.

Durant deux ou trois mois, on discutera en toute liberté, bien instruits par le cauchemar où nous aurons vécu, puis un plébiscite national sera organisé : tous les citoyens feront connaître par leur vote la forme de gouvernement qu'ils préfèrent.

Si la majorité du pays opte pour un roi, son vœu sera exaucé, étant bien entendu que cette nouvelle monarchie sera plus propre et moins rétrograde que celle qui existe aujourd'hui. Je n'envisage cette possibilité que pour montrer mon respect pour l'opinion nationale ; mais supposer que le régime monarchique puisse triompher dans un plébiscite, après les événements actuels, c'est en quelque manière, je le sais bien, imaginer que le soleil puisse apparaître au milieu de la nuit.

Alphonse XIII, le responsable du désastre d'Annual, l'auteur du télégramme : « Olé ! Les hommes ! » s'est chargé de démontrer aux gens les moins avisés ce qu'il en coûte à un peuple d'avoir un roi.

Si le plébiscite proclame la république, nous aurons une république véritablement nationale, où pourront se réaliser toutes les aspirations du peuple espagnol qui, pour contradictoires qu'elles puissent paraître, seront guidées par le désir commun du bien général.

La République, c'est la paix, c'est les portes de l'école grandes ouvertes, le respect de la liberté et de toutes les opinions, c'est l'armée véritablement nationale au service de la loi, une armée de militaires qui connaissent bien leur devoir, une armée sans aventuriers et sans voleurs, une armée semblable à celles de la France, de la Suisse, des États-Unis, sachant mieux s'acquitter de ses devoirs professionnels que celle dont la monarchie espagnole a corrompu l'esprit.

Dans cette république pourront vivre en adversaires courtois et tolérants les Espagnols qui, justement indignés des rigueurs et des crimes auxquels ils sont en butte, sont engagés aujourd'hui dans une guerre civile sans pitié. Les ouvriers, brutalement traqués aujourd'hui comme des bêtes féroces, seront semblables à ceux des autres pays et défendront leurs droits pacifiquement et raisonnablement, sous un régime de liberté qui aura institué l'égalité de tous devant la loi. Les classes capitalistes ne verront plus leur argent gaspillé pour la guerre ; elles n'auront plus besoin de verser des pots-de-vin pour obtenir la concession d'une entreprise publique. Le capital et le travail vivront comme dans les autres pays civilisés. Aucun d'entre eux n'a encore trouvé la solution qui permette de faire disparaître leur antagonisme séculaire, mais les luttes économiques auront une forme pacifique, elles ne comporteront pas ces assassinats qui les caractérisent sous la monarchie espagnole. Les partisans de l'autonomie des provinces n'auront pas besoin de faire une politique séparatiste qui serait inutile et néfaste pour eux-mêmes. Ils pourront jouir de l'indépendance que connaissent les États à l'intérieur des républiques fédérales de Suisse et des États-Unis.

Mais, je le répète, pour que cette transformation nationale soit possible, il faut d'abord que le roi quitte l'Espagne.

Tant qu'il restera dans notre pays, toute tentative de gouvernement provisoire et de plébiscite demeurera vaine, voire ridicule. C'est un menteur, un intrigant, un véritable descendant de Ferdinand VII. Il exerce sur son entourage une action corrosive, aussi naturellement que certains mollusques secrètent de l'encre.

Ce sera un bien pour lui et un apaisement indispensable pour le nouveau pouvoir que de le voir éloigné de la terre espagnole.

Le procès d'Alphonse XIII devra être instruit lorsque la Nation aura recouvré son existence normale. Ce ne sera que justice. Vingt-cinq mille cadavres d'Espagnols — dont les os blanchissent sur le sol africain — l'exigent impérieusement avec la voix muette de l'Au-delà.

Les procès des rois, lorsque ceux-ci n'ont pas su prendre la précaution de s'éloigner à temps, se sont parfois terminés de tragique manière. L'Angleterre de Cromwell et la France de la Convention le savent.

Novembre 1924.

TABLE DES CHAPITRES

E. GREVIN — IMPRIMERIE DE LAGNY — 1-25.

DISCOURS

SUR

CE SUJET:

*Assigner les causes des Crimes, &
donner les moyens de les rendre
plus rares & moins funestes.*

Par M. Lacretelle fils, Avocat à la
Cour Souveraine de Nancy.

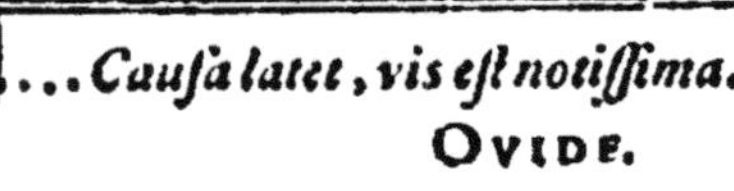

. . . Causa latet, vis est notissima.

Ovide.

A NANCY,

Chez { P. Antoine, Imprimeur du Roi.
{ P. Barbier, Imprimeur-Libraire.

M. DCC. LXXIV.

Avec Permission.

DISCOURS

SUR

CE SUJET:

Assigner les causes des Crimes, & donner les moyens de les rendre plus rares & moins funestes.

..... Causa latet, vis est notissima.
OVIDE.

IL s'en faut bien que la Philosophie ait embrassé dans ses progrès tous les objets, qu'il lui appartient d'éclairer & de réformer. Il s'en faut bien sur-tout que nous ayons atteint dans la législation criminelle cette perfection, qui est peut-être pour

A ij

les autres sciences, l'époque d'une déca-
dence.

Dans toutes celles-ci, nous avons créé
une méthode, établi des principes, agran-
di nos vues. L'esprit de découverte, cet
esprit plus ardent qu'éclairé n'avance plus
qu'à l'aide de l'expérience, la mere des
vérités. Nous avons tout fait pour simpli-
fier nos études & pour assurer nos pas.

Mais tandis que nos arts font des efforts
sans cesse renaissans, & toujours plus heureux ; tandis que l'agriculture se dégageant
de ses anciennes entraves, développe une
activité, des moyens & des ressources inconnues ; que le commerce même, cette
source aussi mystérieuse que féconde des
richesses, ce dédale, où la politique elle-
même s'embarrassoit, acquiert des régles
& marche sous la main du Gouvernement
qui le guide ; tandis que nous avons par-
tout multiplié nos besoins & notre industrie, & que nous avons peut-être augmenté nos lumieres aux dépens de notre
bonheur ; la partie la plus noble, la plus

effentielle de la fcience humaine refte encore imparfaite (*a*).

Je ne viens critiquer les Loix d'aucun pays. Mes principes & mon infuf-
fifance me défendent également de m'é-
riger en réformateur. Mais l'humanité
fouffre, & les ames fenfibles peuvent faire
entendre des plaintes refpectueufes.

Si les Criminaliftes n'avoient pas toujours fait profeffion de tout admirer fans
raifon & fans mefure, s'ils avoient pu laiffer
entrer dans leur efprit quelqu'idée de réforme, & s'ils l'avoient propofée avec cette
force de raifonnement qui eft propre à
quelques-uns, ils auroient peut-être dimi-
nué le nombre des abus. Une de leurs lignes, qui auroit produit cet heureux effet,
leur auroit fait plus d'honneur que toute
la doctrine dont ils nous fatiguent.

Mais des Écrivains d'un autre genre ont
jetté les regards du génie fur cette ma-

---

tiere (*b*) : Montesquieu dans cet ouvrage, où tout n'est pas vérité, mais où tout est grand & original, a répandu à sa maniere quelqu'idées lumineuses sur un sujet qui le demandoit tout entier. Quelqu'autres grands hommes ont aussi élevé en passant la voix de la raison contre des Loix bizarres ou cruelles ; mais ces traits épars & sans développement n'étoient encore que des éclairs qui brilloient dans la nuit sans la chasser.

C'est du fond de l'Italie, que nous avons vu sortir une des plus belles productions que la Philosophie ait jamais consacré au bonheur de l'humanité. C'est dans ce pays où nous n'allons chercher ques les chefs-d'œuvres des beaux arts, & les vestiges d'une grandeur qui n'est plus, qu'un heureux génie, attiré par la sensibilité de son cœur, s'est recueilli sur le spectacle de nos miseres. L'éloquence même lui a souvent prêté ses traits les plus vifs & les plus pénétrans pour renverser les maximes de la

---

(*b*) Voyez une note à la fin du Livre.

tyranie. Je parle du célébre *Traité des Délits & Peines* (c). Cette ouvrage subli-me a été un coup de lumiere qui a découvert à tous les Peuples l'objet le plus pressant de leurs méditations. Une voix de reconnoissance & d'admiration s'est élevée d'un bout de l'Europe à l'autre; elle a annoncé à son auteur que le tendre souhait de son cœur étoit rempli (*).

Dans une des Provinces méridionales de la France, un homme public, d'une éloquence que les grands modèles n'ont pas surpassé, s'est aussi occupé de *l'administration de la Justice criminelle*; il a expliqué les mêmes vérités avec la même énergie, & encore plus de charmes, au milieu des Peuples & des Magistrats étonnés & attendris.

(c) Voyez une note à la fin.

(*) „Je me croirois heureux (dit M. de Becharia, auteur de ce Livre, à la fin de sa Préface) „si je pou-„vois exciter dans mes Lecteurs ce doux frémissement „par lequel les ames sensibles répondent à la voix du „défenseur de l'humanité.

Avec quelle gloire les gémissemens de l'infortune & l'accent impérieux & touchant de la raison & du sentiment, ont frappé les voûtes majestueuse du Temple de la Justice! S'il y a eu un jour solemnel, un jour sur lequel l'imagination d'un homme de bien se repose avec délice, c'est celui-là. O Servan! le préjugé même est resté en silence devant vous; tous les cœurs vous ont rendu hommage par des larmes d'attendrissement & de joie, & la postérité s'avance lentement pour vous offrir la double couronne de la vertu & du génie. = Est-ce vous cependant que la prévention a poursuivi jusqu'au milieu de vos triomphes, & que l'ingratitude humaine a dégouté de la carriere où vous brilliez entre *les d'Aguesseau, les Joli & les Bignon* (d).

— C'est à ces deux derniers ouvrages que nous devons particuliérement l'attention que la Philosophie donne par-tout à tout ce qui a rapport à la perfection des Loix

_____

(d) Voyez une note à la fin.

énales. Une Académie d'Italie vient de proposer ce sujet intéressant : *Assigner les causes des crimes, indiquer les moyens de les détruire, s'il est possible, afin que les supplices deviennent plus rares, sans que la sûreté publique en souffre.*

L'on doit tout attendre des grands talens qui pourront s'emparer de ce sujet. Mais toutes les nations, tous les citoyens peuvent se l'approprier. Je n'aurai point été inutile, si je parviens à fixer les esprits sur cet important objet, dans une Province où l'on aime la vertu & le bien public.

PREMIERE PARTIE.
Les Causes des Crimes.

L'HOMME dans l'état de nature comme dans celui de société, est soumis à deux empires. Une force aussi puissante qu'irrésistible, roule sans cesse autour de lui, & l'entraîne souvent dans le tourbillon de ses mouvemens, c'est le mal physique.

D'un autre côté, les passions de ses sem
blables se heurtent à chaque instant ; l'u
souffre par la volonté de l'autre ; ils son
tour à tour oppresseur & opprimé ; c'e
le mal moral, qui n'est autre chose qu
les désordres d'un être libre.

Pour arrêter ces désordres, pour dim
nuer les effets de ce choc continuel de
différens intérêts, les hommes se sont af
semblés ; ils ont mis leur bonheur en com
mun ; ils ont créé une volonté générale a
milieu des volontés particulieres. Chaqu
fois que cette volonté générale est violée
chaque fois que la sûreté commune e
attaquée, il y a *crime & délit*. Leur gra
vité dépend de la partie sur laquelle porte
l'offense.

Il sembleroit que dans ce nouvel ordre
des choses, l'homme se trouve enchaîné
au bien par le grand mobile de ses actions
par son intérêt bien entendu. Comment
se fait-il donc qu'il renverse des régles éta-
blies par lui-même pour son plus grand
avantage?

(11)

Pour éclairer cette contradiction, qui a
droit d'étonner, il faut d'abord considérer
cet être en lui-même, il faut voir par quels
principes il agit , si en voulant constamment son bien-être, il n'en est point souvent écarté.

Il convient d'examiner ensuite, si la société fait toujours ce que l'on s'est promis
de son institution ; si l'intérêt général en
est toujours le premier soin, comme il en
a été l'unique but ; si ses avantages sont
tels, qu'ils soient toujours bien sentis; si
toutes les mesures ont été prises pour ramener au centre commun ces forces particulieres, qui tendent sans cesse à s'en
éloigner.

Enfin, une derniere recherche, qui nous
conduira encore à un résultat, fera étudier dans les Loix criminelles elles-mêmes,
dans cette sage balance des déterminations
humaines, où une peine infaillible se trouve à côté d'un desir dangereux ; si elles
sont toujours propres à prévenir les crimes
qu'elles punissent; si en en réprimant un

d'une maniere mauvaife, elles n'en occa
fionnent point un autre ; fi en confondan
tous les rapports, elles ne détruifent pa
quelquefois les notions naturelles ; fi mê
me elles n'ont pas fouvent altéré les mœurs
en mettant les vices à la recherche les un
des autres.

Ainfi je diftingue & j'apperçois troi
grandes caufes de crimes, la nature d
l'homme, les abus de la fociété, & l'im
perfection des Loix.

LA NATURE DE L'HOMME. = Loi
de nous l'idée odieufe & défefpérante que
nous foyons nés pour le mal. Un être qu
conçoit l'ordre, qui ne peut trouver de
fatisfaction que dans lui ; que les paffions
emportent fouvent, mais qui, s'il ne peut
les foumettre dans tous les temps, peut
au moins les diriger ; dont la plus violente
même, cet amour propre qui menace tout,
reçoit un utile contre-poids dans le fenti-
ment de la piété, qui nous lie à tous les
êtres fenfibles : non, cette créature n'eft

oint née pour être l'effroi & l'horreur
le la nature. = Malheureux détracteur de
on espéce, rentre en toi - même ; étudie
es premieres inclinations ; écoute au fond
le ton cœur cette voix qui te crie que tu
s besoin d'aimer & d'être aimé ; & si le
ri du malheureux a jamais rétenti dans
on ame, si tu as répandu une larme de
oie en essuïant celles de l'infortune, dis
noi comment tu as vaincu l'ascendant qui
'entraînoit au mal ?

Il seroit au moins plus consolant de pen-
er avec le célébre Citoyen de Genêve, que
'homme dans son institution originelle est
écessairement bon. Mais sans discuter
ette opinion, sans l'opposer à celle que
us allons prendre, parce qu'elle s'accorde
nieux avec l'expérience, disons que l'hom-
ne n'est ni bon ni méchant , mais que,
elon qu'il est dirigé, il fait le bien ou le mal.

O R en le considérant ainsi, *voyez-le*
ntrer dans la société pour obtenir par
'art un bonheur que la nature lui re-

fuſe (*). Sa liberté pouvoit être dans ſes mains un inſtrument dangereux à lui-même, & ne ſervoit qu'à ſes plaiſirs. Il la change contre un bien ſans lequel on n'en goute aucun; la ſûreté. Mais dans ſes ſacrifices mêmes, il ne donne rien ſans raiſon comme ſans dédommagement. Il ſe réſerve le droit inaliénable de faire tout ce qui peut lui être utile ſans nuire aux autres.

CEPENDANT bientôt gêné par ce lien dont peut-être il ſe félicite, il s'irrite contre des obſtacles qui arrêtent ſes deſirs ſans les détruire (§), & caché ſous l'ombre des Loix, il mine ſecrétement leur empire. Si une paſſion violente s'empare de ſon cœur & vient troubler ſa raiſon, alors il

----

(*) Phraſe de M. Servan. = *Diſcours ſur l'Adminiſtration de la Juſtice criminelle.*

(§) *Le lien qu'il voudroit reſſerrer pour les autres, il le dénoue ſourdement pour lui ſeul.* = Autre penſée de M. Servan. = Quand on ſe trouve forcé de revenir ſur les idées qu'un habile Écrivain a déjà préſenté, ce ſeroit entendre mieux ſes intérêts que ceux de ſon ſujet, de ne pas rapporter l'expreſſion de cet Écrivain.

concentre dans l'être fantastique qu'il
est créé; il n'examine plus où est son vé-
able bonheur, celui de ses semblables,
ce qu'il peut, ni ce qu'il doit; un seul
bjet l'attire invinciblement, & les ruines
a monde seroient des secours qu'il em-
oyeroit pour le saisir.

Les passions sont un levain terrible qui
rmente plus ou moins dans chaque so-
été. Malheur à celle où les Loix ne sau-
oient ni les adoucir, ni les diriger, ni les
ontenir! Malheur sur-tout à celle où l'es-
rance raisonnée de les satisfaire impu-
ément seroit une nouvelle cause qui les
roit naître! C'est dans celle-là qu'il se
ormera une ligue de tous les intérêts par-
culiers contre l'intérêt commun, que le
ésordre parviendra à son comble, & que
homme sera plus malheureux par sa faute
ue par sa nature.

Les Loix peuvent beaucoup contre les
assions, & c'est leur chef-d'œuvre de les
révenir ou de les faire concourir à leurs
ues. Mais elles seront toujours impuiss-

santes à les détruire , ou à ne les faire mouvoir que dans l'espace qu'elles leur circonscriroient. La nature humaine ne comporte point une telle perfection. = Lycurgue sut bien dans son étonnante République faire de ses concitoyens des patriotes fanatiques & invincibles. Mais n'eut-il jamais des lâches à punir & des séditieux à réprimer ? = L'amour propre souvent aussi aveugle qu'impétueux , les passions que l'on ne peut détruire & que l'on sait rarement gouverner , seront des obstacles continuels au bonheur , au repos de la société. = Telle est la premiere , l'indestructible cause des crimes.

Les abus de la Société. = L'Homme faisant tout pour lui-même & esclave de ses passions , trouvera toujours le moyen de secouer le joug salutaire des Loix.

Mais si les Loix étoient toujours sages & bien entendues, si elles écartoient les alimens des vices, si elles faisoient une

heureuse

heureuſe néceſſité de la ſoumiſſion qu'elles exigent ; ſi elles ſe concilioient tout à
la fois le reſpect & l'amour, qui ſait tout
ce qu'elles pourroient produire ? Les cœurs
qu'elles ne pourroient changer, elles les
plieroient du moins.

J'oſe le dire, & il n'eſt que trop facile
de le prouver, c'eſt dans la conſtitution
de chaque ſociété, ou plutôt dans les abus
qui lui appartiennent plus ou moins, que
réſide la principale ſource des crimes.

La ſociété eſt la réunion de toutes les
forces & de toutes les volontés pour le
plus grand bien des individus qui la com-
poſent. Mais ſi par un renverſement total
des principes & de l'inſtitution, la puiſ-
ſance & les plaiſirs étoient pour les uns, la
ſervitude & la miſere pour les autres ; ſi
au milieu de ce déſordre, les mauvaiſes
mœurs qui en doivent ſuivre n'étoient
pas au moins corrigées par l'éducation
que l'on donneroit à la race qui doit ſuivre, ſi la Religion chez ce peuple étoit
dénaturée, au point de ſervir aux projets

B

des paſſions humaines, ſi la ſuperſtition avoit dégradé les eſprits, & ſi l'ignorance les plongeoit dans l'oubli de tous les devoirs ; des hommes ainſi raſſemblés devroient être dans une eſpéce d'état de guerre, & les crimes ſe multiplier parmi eux en raiſon du degré où tous ces maux ſeroient parvenus. Ainſi le malheur public, le luxe, la mauvaiſe éducation, le fanatiſme, la ſuperſtition & l'ignorance, ſont les fléaux de la ſociété, & les portes par où les crimes s'y introduiſent.

QUELLE eſt la cauſe de ces attrocités qui ont fait calomnier la nature humaine, qui multiplie ces terribles attentats contre la ſûreté publique, contre la vie & le repos des particuliers ; c'eſt l'oppreſſion & la miſere du Peuple.

Si, comme on l'a vu autrefois, la paix n'étoit pour lui qu'un nouveau genre de vexation ; ſi une adminiſtration barbare fatiguoit ſon indigence même ; ſi, retenu dans l'aviliſſement par une politi-

que infenfée, fon induftrie même lui ·de-
venoit funefte ; fur-tout fi des loix im-
prudentes ofoient attaquer par la violence
ces opinions & ces habitudes qui lui tiennent lieu de bonheur, & que l'infenfible
effort de la raifon peut feul détruire ; ce
feroit en vain que l'on penferoit contenir
la foiblefle par la barriere de la crainte :
cette foiblefle eft un calme perfide, qui
prépare une tempête plus foudaine & plus
terrible ; le défefpoir eft caché fous cet
abattement : il va bientôt s'agiter avec fes
chaînes & faire fortir l'audace du fein de
la fervitude. C'eft ainfi que les fleuves ne
font jamais plus près d'un débordement,
que lorfqu'on croit les arrêter par une di-
gue impuiflante.

Ouvrez l'Hiftoire ; voyez fi ce n'eft pas
toujours dans les temps du malheur & du
defpotifme, qu'une légiflation digne de
ces fiécles, élevoit les échafauds, qu'elle
inventoit ces tourmens qui prolongent les
douleurs & la mort ; ou que laffe de punir
& épouvantée du nombre des coupables,

elle avoit recours à une impunité plus funeste encore. Quel frein donner en effet
à des hommes que le besoin a armé, que
la rage conduit, moins effrayés des supplices, qu'avides d'une autre fortune.

Alors nulle confiance dans les Loix, qui
sont regardées comme la violence d'un
seul contre tous, nul respect pour leurs
Ministres, qui sont comptés pour autant
de tyrans; alors les misérables deviennent
des méchans, & les méchans des troupes
formidables: alors la férocité humaine se
met au niveau de la cruauté des châtimens, & ceux-ci sont des horreurs inutiles. Quel a été le temps des crimes &
des supplices dans l'Europe? C'est celui de
l'Anarchie féodale.

Mais si cette scene de calamité & de
terreur vient à changer, si l'astre de la bienfaisance commence à luire, si une ombre
de bonheur se répand; les mœurs s'adou-
cissent; les loix reprennent un caractère
de bonté & de sévérité; l'on aime la vertu

qui eſt récompenſée & honorée, le travail qui pourvoit aux beſoins en donnant des plaiſirs, & l'État reçoit au milieu des bénédictions, de riches tributs offerts par la reconnoiſſance. Quand tout eſt tranquille & heureux, quelle reſſource, quel aſyle reſteroit-il au crime ? Le principe de vie qui circule dans un corps ſain, repouſſe les maladies ou les extirpe, & lute long-temps contre une deſtruction inévitable.

Il eſt une maladie moins terrible, mais plus long-temps ſubſiſtante, qui attaque par degrés tous les Corps politiques, & les entraîne à la fin dans un temps marqué.

Un fantôme brillant, chargé des richeſſes des deux mondes, s'avance à travers les ſiécles. Par-tout où il s'eſt repoſé, l'on voit des Trônes renverſés, des terres deſertes, des hommes lâches & vains. Les beaux Arts paroiſſoient ſe jouer autour de lui, mais ils en reçoivent des coups

meurtriers, tandis que les mœurs s'écar-
tent au loin. L'image de la félicité le pré-
cède ; mais cette image n'est réellement
que la misere parée & embellie. Toutes
les Nations prosternées adressent des vœux
à l'idole. On en compte seulement une ou
deux qui ont étendu un grand voile qui
défend leurs yeux de son éclat. Cette idole
superbe est désastreuse ; c'est le luxe (*e*).

Peut-être est-il un mal nécessaire, du
moins qu'on n'évitera jamais ; peut-être
y a-t-il un moyen de le diriger à un certain bien.

Il pourroit devenir une source d'activité & de bonheur, si j'en crois quelques
bons Livres, si j'observe bien quelques-
uns de ses caractères chez quelques Nations. Pour cela, je ne demande que deux
choses, qu'il soit dirigé uniquement vers
l'utilité particuliere bien entendue, & vers
la gloire de la Nation. = L'ambition, la
noble ambition d'un citoyen de Londres,

____

(*e*) Voyez une note à la fin.

c'eſt d'élever un monument public, qui annonce à la poſtérité qu'il a été riche & utile. Mais ſans m'arrêter ſur toutes les idées acceſſoires qui aboutiſſent à mon plan, conſidérons le luxe tel qu'il s'eſt montré par-tout, tel qu'il exiſte encore autour de nous.

Voyez vos campagnes n'offrir plus inceſſamment que le ſpectacle d'une dépopulation ſucceſſive; le génie de l'Agriculture pleurer ſur ſes découvertes & ſes inventions, inutiles faute de bras & de reſſources; voyez les premiers Arts, ces Arts autrefois adorés par des hommes qui leur devoient leur grandeur, maintenant découragés par le mépris, ou abandonnés pour des ſuperfluités ruineuſes; voyez toutes les richeſſes ſe porter par un cours rapide vers les villes, gouffre profond qui les abſorbe ſans retour; voyez comment tout ſe confond, tout ſe dégrade; les vraies diſtinctions des hommes ſont anéanties, il ne reſte plus que deux claſſes dans la ſociété, celle des miſérables & celle des

heureux infolens ; le Sang des Héros fe
mêle à celui des Traitans ; le fier génie reçoit des loix de la frivolité ; le mérite recherche la décoration ; le jeune homme
s'avilit dans les plaifirs & dans l'oifiveté,
tandis que le vieillard combé fous le poids
du travail & des années, cache fes rides
fous des affronts ; la parcimonie eft dans
l'intérieur des maifons, l'oftentation au
dehors ; la mifere du Peuple devient baf-
feffe ; l'opulence des Grands égale à peine
leur dureté & ne fuffit pas à leur fafte ;
l'homme fenfible tremble d'être pere, &
l'homme vain s'entoure, non pas d'une
nombreufe poftérité, mais d'une foule de
fainéans arrachés à l'honneur auffi bien
qu'au travail. Ce ne font-là que des vices,
dites - vous ? Mais quelle eft donc votre
morale & votre politique, fi vous ne fa-
vez pas en être effrayés ? Ignorez - vous
d'ailleurs qu'ils font les premiers degrés
du crime ? Achevons le tableau des effets
du luxe.

Un des plus malheureux, un des plus

conſtans, c'eſt d'avilir les ames, c'eſt de les livrer à la ſordide cupidité.

S'il étoit une nation, au milieu de laquelle il eut déjà fait tous ſes ravages, qu'elle jette un moment les yeux autour d'elle, & qu'au moins elle s'afflige de ſe reconnoître. Qui eſt-ce dans cette nation, qui en calculant avec ſoi-même rencontre une baſſeſſe, qu'il rougiſſe d'employer pour aller à la fortune? On n'a plus honte d'une infidélité dans le commerce; on hazarde des procès injuſtes que l'on eſpere faire réuſſir par l'intrigue & le crédit; on propoſe la ruine de ſes compatriotes pour s'enrichir ſoi-même.

D'un autre côté, qu'elle oſe meſurer la profondeur de la plaie que les mœurs ont reçue! Les mœurs, ces précieuſes gardiennes du bonheur public! L'incontinence & la débauche n'ont plus de frein; la bonne foi n'eſt plus qu'un nom dont on ſe ſert mutuellement pour ſe tromper; plus de tendreſſe entre les parens, plus de reſpect entre les ſexes; le vice marche

tête levée, & la vertu fuit tremblante &
honteuse d'elle-même.

Oui, c'est le luxe, le luxe avant toutes
autres causes, qui fait tous ces maux.
C'est à lui qu'il faut imputer les banque-
routes, les prévarications, & ce trafic in-
fame de la pudeur; tous les crimes de là-
cheté & de corruption.

Où se renouvellent-ils sans cesse ces délits contagieux, qui s'accumulent autour
de vos Loix, & semblent les défier ? Est-ce
dans les campagnes, où habitent encore le
travail & la simplicité, ou dans les capi-
tales où régnent toutes les causes & tous
les effets du luxe ?

Quand nous aurons tari cette source
féconde des crimes, portons nos soins sur
une autre qui en est voisine, ou du moins
en en fermant une, arrêtons les progrès
de l'autre.

L'éducation est la ressource & le
nerf des États. Rappellez - vous les anciennes Républiques, & parce qu'elle a

fait, jugez de ce qu'elle peut. Figurez-vous une mere tendre au milieu de ses enfans; elle serre contre son sein le plus foible, celui qui ne connoît encore la vie que par la douleur; elle prescrit avec douceur une occupation utile à un autre plus avancé; un troisiéme reçoit avec attendrissement les premieres leçons de la vertu. Elle éléve dans chacun d'eux l'honneur de sa famille. Telle est une bonne éducation dans la société.

Mais une mauvaise éducation accélére les autres maux dont elle devoit être le reméde. Elle laisse des vices & des préjugés funestes dans des corps amollis & dans des esprits corrompus; elle n'inspire ni amour de la vertu, ni goût pour le travail. Bien plus, c'est dans son sein que naissent ces premiers vices qui toujours croissant, deviennent le germe fatal des vices & des désordres; je parle de l'indocilité (*), de la débauche, de la dangereuse oisiveté.

____

(*) On n'entend pas ici par indocilité cet élan d'une ame passionnée qui résiste aux remontrances & même

Elle laisse des hommes sans vigueur entre des précipices que l'on n'évite qu'à force de courage & d'adresse. Que deviendront des hommes sans principes au milieu du luxe & des mauvaises mœurs? Comment résisteront-ils aux amorces des passions, au danger des exemples, à l'esprit d'intérêt, ce vice subtil qui se glisse dans toutes les ames? Écoutez tous ces malheureux que vous faites périr pour l'instruction des autres : ils vous crient du sein de l'infamie & des souffrances que chaque pas qu'ils ont fait vers le crime a été une faute de leur éducation (*f*).

---

aux corrections. Il n'y a que la pédanterie qui puisse faire un monstre de ce défaut qui tient au feu de la jeunesse. Mais il faut le combattre & le détruire dans son principe. Sans cela, il deviendra un vice essentiel qui étouffera toutes les bonnes qualités, qui augmentera les mauvaises. Par lui, un homme ne peut jamais être ramené où il doit être, & cet homme devient nécessairement méchant. S'il falloit définir le vice prochain des crimes dont j'ai voulu parler, je dirois que c'est cette habitude de l'ame qui la rend incapable de céder ni à la raison, ni à la nécessité. = Les Langues fournissent exactement les termes dont l'on a besoin.

(*f*) Voyez une note à la fin.

(29)

P REMIERE Loix des humains (†), toi
qui dans tous les pays & dans tous les climats devois être la source des consolations,
la base de toute morale, paisible Religion,
est-il bien vrai que l'homme pervers t'ait
fait ambitieuse & cruelle?

O UI, sans doute, nous avons profané la
Religion, & tous les jours n'en abusons-
nous pas encore? Rappellez-vous ces guerres terribles qui souillent l'histoire de presque toutes les nations où le nom sacré de
Dieu, dans des bouches impies, étoit le
signal du carnage de la mort. Voyez dans
des temps qui heureusement sont loin de

____

(†) L'Académie qui a couronné ce Discours, *sûre
des intentions de l'Auteur*, a cru que l'on pourroit abuser de ses termes contre le sens même qu'il avoit voulu
leur donner; elle a pris le parti de changer ce morceau
tel qu'on le voit. L'Auteur a souscri: avec respect à cette
décision. On trouvera ce morceau tel qu'il l'a écrit
dans les notes. Si ses expressions paroissoient contredire
ses sentimens, il les désavoue; l'antidote se trouveroit au
surplus dans les corrections de l'Académie. Voyez dans
les notes de la fin du Livre le morceau précédé de ce
signe (†).

nous, cette tyranie qui veut asservir l'homme sans avoir parlé ni au cœur ni à la raison, & ce tribunal odieux qui éclairoit les
ames avec des torches ardentes. Voyez
notre sainte Religion embrassant les Au-
tels, implorer un Dieu de paix, contre les
ravages de ce monstre qui foule aux pieds
la nature & les loix, & souffle dans tous
les cœurs une fureur de dispute & de sang.

PRÉCIEUSE Philosophie, (g) toi dont l'on
a abusé & que l'on a encore plus méconnue, malheur à ces esprits téméraires que
tu as pu conduire à l'erreur! Mais tu ne
peux être l'ennemie d'une Religion qui est
venue dissiper les ténébres des autres, &
enseigner des vertus nouvelles.

Ah! reste à jamais parmi nous, toujours
éclairée, mais toujours docile; éloigne
sur-tout ces temps de démence & d'horreur où le fanatisme perçoit le cœur du
meilleur des Princes, & armoit la Patrie
contr'elle-même; où les Loix punissoient

____

(g) Voyez une note à la fin.

comme des criminels des aveugles qu'il falloit éclairer ; où elles allumoient des bucher contre le délire d'une imagination exaltée, ou les fourberies d'une adresse méprisable. Ne t'effraye pas des cris de l'ignorance, & laisse frémir l'envie ; l'une passe & l'autre qui ne se lasse pas sera bien-tôt réduite à ronger son frein.

J'ai parlé de la superstition & du fana-tisme. Ai-je besoin de prouver que l'igno-rance qui en est la mere, est funeste aux mœurs & au bonheur public ? Je ne trouve en effet aucun des vices de la nature hu-maine, aucun des fléaux de la société qui ne croissent dans son sein.

N'est-ce pas dans l'absence des beaux Arts & de la Philosophie que les Conqué-rans, ces Ministres de la destruction, pré-parent & exécutent leurs sanglans projets, Comme c'est dans les ténébres de la nuit que les monstres des forêts fondent sur une proie qui ne peut plus fuir ?

N'est-ce pas dans ces temps redoutables

que les hommes méconnoissent tous leurs
droits & tous leurs devoirs, qu'ils ne font
agités que par les paffions violentes, &
qu'ils paffent fans ceffe du calme ftupide
de l'efclavage aux momens orageux de
l'Anarchie?

N'eft-ce pas alors que le luxe défole le
plus, qu'il fait une maffe de toutes les ri-
cheffes pour les jetter chez l'Étranger, &
qu'il épuife la terre & les hommes pour la
fatiété de quelques tyrans? Tournez les
yeux fur cette belle contrée prefque toujours livrée au démon de la guerre; c'eft
à la fois le pays du fafte, de la mifere &
de l'ignorance.

Je le dis donc comme une vérité qui
me preffe vivement, l'ignorance, mere de
la fuperftition, du fanatifme & de la tyranie, vous enléve vos reffources; elle vous
ôte jufqu'au defir d'un meilleur état; elle
jette les hommes dans un abime où ils fe
battent en aveugles & en forcenés; elle
eft une véritable calamité, une des caufes
des crimes (h).

____

(h) Voyez une note à la fin.

L'IMPERFECTION DES LOIX. = La derniere que j'ai annoncé, celle dont je n'approche qu'en tremblant; c'est le défaut de bonnes Loix criminelles.

LES Loix peuvent être mauvaises sans doute, puisqu'elles ne naissent pas toujours dans des temps de paix, de raison & de lumiere. Et si ce sont les plus importantes, celles qui font la garde contre les vices, les désordres, & les malheurs, qui sont telles ; ce n'est pas seulement des injustices, des cruautés particulieres qu'elles commettent ; elles font une violence qui pése sur toutes les parties de l'État : elles dérangent le plan de la nature, car elle a ses vues que leur perfection consiste à seconder ; elles mettent dans le cœur de l'homme un sentiment qui l'avertit qu'il n'est ni libre ni heureux, & qui le pousse hors de la société.

TOUTES celles qui pourroient avoir ce caractère, il faudroit les dénoncer aux

Législateurs , comme des ennemis secrets qu'ils favoriseroient contre le vœu de leur cœur. Mais c'est à vous, Magistrats prudens & éclairés, Peres du Peuple, amis du Prince, c'est à vous qu'il appartient de proposer des réformes & d'être écoutés. Pour moi, Citoyen obscur, sans autre titre, sans autre guide que l'amour du bien & des hommes, que pourrai-je dire sans craindre les mauvaises interprétations, sans me défier de moi-même?

Je me trouve cependant dans un cercle que mon sujet a tracé autour de moi. Je le traiterai donc, mais ce sera avec circonspection & sans en sortir. Je proteste encore ici que je n'applique les observations que je vais faire à aucun Pays, à aucun Gouvernement.

Les Loix criminelles sont le supplément des Loix civiles. Celles-ci ont donné la premiere impulsion au corps politique vers le repos & le bonheur. Elles ont élevé une barriere entre l'enceinte de la tranquillité

& les défordres qui pourroient la troubler. Les Loix criminelles font placées-là, & chaque fecouffe eft un avertiffement pour elles.

Si elles font vigilantes, l'audace même fe retirera, sûre que fon ennemie fe trouvera attentive & armée. Si celle-ci s'endort, l'autre s'encourage, & elle s'avancera bientôt d'un pas rapide & infultant.

Leur premier devoir eft donc de veiller fur le dehors. Au dedans elles doivent répandre la fécurité. Elles ne doivent annoncer ni par une agitation fougueufe, ni par des précautions puériles que la barriere eft attaquée. = Elle fera attaquée & elle fera renversée, fi après avoir été indolentes dans le moment de la réfiftance, elles deviennent incertaines dans leurs projets, aveugles dans leurs coups, cruelles dans leurs reffources.

Les Loix criminelles font donc à leur tour refponfables de la paix & de la félicité des hommes. Elles font mauvaifes, elles favorifent les crimes, elles les font

naître en quelque forte, quand elles ne sé-
vifent pas dans le moment de l'impreſſion
& de l'exemple, dans ce qu'on peut ap-
peller l'*à propos* des châtimens ; quand
elles font contraires à elles - mêmes en
puniſſant d'un côté ce qu'elles autorifent
de l'autre ; quand foibles & chancelantes,
elles corrompent les mœurs, en appellant
honteufement à leur fecours la délation
& la noire trahifon ; quand elles fe mul-
tiplient au point, que le Peuple ne ſçait
plus ce qui eſt permis ou ce qui eſt défen-
du, & que dans le doute il fait toujours
ce que fon intérêt ou fa paſſion lui demande ; quand elles égalifent deux crimes
différens par une même peine, & qu'elles
uniſſent ainfi deux idées oppofées par une
feule fenfation ; quand elles s'épuifent en rigueur & qu'elles font les hommes auſſi
méchans qu'elles font dures & févéres.

Ces Loix feroient - elles bonnes qui,
nées dans des temps barbares & augmen-
tées felon les circonftances, feroient affem-

blées sans choix & sans liaison, pour ré-
gir un temps & des circonstances nouvelles ? Elles formeroient un corps bizarre
& décousu, dont les parties se choque-
roient souvent, & qui ne s'agiteroit qu'a-
vec peine & embarras.

Ces Loix seroient-elles bonnes, qui ne
détermineroient point exactement ni le
délit ni le châtiment, qui feroient que ce
qu'il y a de plus important parmi les hommes dépendroit de la passion ou du degré
de lumiere du Juge ? Sous l'empire de ces
Loix, on trembleroit autant d'être accusé
que d'être criminel.

Ces Loix seroient-elles bonnes, qui por-
teroient des peines si cruelles, si peu pro-
portionnées avec le délit, ou si peu propres à éloigner, que le Juge seroit forcé
de les modifier ? Elles donneroient une
espérance d'impunité au coupable, qui se
flatte toujours que la Loi s'adoucira pour
lui par préférence.

Ces Loix seroient-elles bonnes, qui se
promettroient un bénéfice sur les crimes

qu'elles auroient à punir, & qui mettroient dans la même balance la vie d'un citoyen & la plus chétive somme?

Enfin ces Loix seroient-elles bonnes, qui, sans agir sur un Peuple absolument corrompu, ne feroient pas la moitié de leur tâche avec le seul sentiment de l'honneur, ce reffort si puissant, sur-tout dans une Monarchie, mais qu'il faut savoir manier & ménager à propos (*i*)?

VOILA nos maux, nos crimes & leurs causes. Arrêtons-nous un moment, & regardons bien si nous voguons sur une mer sans bords; raffemblons donc nos débris & confions-nous à ce Pilote qui n'égare jamais, l'expérience des vents & des tempêtes (*l*).

(*i*) Voyez une note à la fin.

(*l*) Voyez une note à la fin.

SECONDE PARTIE.

Moyens de rendre les Crimes plus rares.

VOICI la partie de mon travail qui doit confoler le cœur que l'autre a foulevé. Ames fenfibles, ames tendres qui fouffrez du malheur des hommes, voici le moment où je pourrai m'adreffer à vous. Ne vous épouvantez pas du tableau que j'ai été forcé de vous préfenter; c'eft un affemblage d'objets hideux, mais que l'on peut changer, adoucir ou enlever.

Que ne m'eft-il donné d'être l'heureux Peintre, qui, en effaçant une fcéne de confternation & d'effroi, fon premier ouvrage, fauroit faire paroître fur la même toile tous les inftrumens de la félicité publique, au-deffous de cette touchante image même, & développeroit ainfi en deux coups de pinceaux nos maux & nos reffources!

L'HOMME, cet être étonnant, qui mesure les cieux & rampe dans la poussiere;
qui est celui de la nature le plus parfait &
le plus souffrant; qui ne tourmente jamais
plus les autres que lorsqu'il se tourmente
lui-même; que l'on ne reconnoît jamais
mieux que lorsqu'il se contrarie; l'homme
porte en lui le germe des vices & des vertus. Tout se développe par les circonstances. Quelles seront celles qui l'envelop-
peront, tellement qu'il n'y ait que le desir
du bien qui puisse aller jusqu'à son cœur?

Je l'ai déjà dit & je crois l'avoir prouvé, le système social échouera toujours
contre un tel but. Il vaut mieux s'en tenir
à une vérité affligeante que de se bercer
inutilement dans une douce erreur.

Aussi tous les Législateurs qui se sont
occupés de la réunion des hommes en
corps d'état, ont bien senti qu'ils ne devoient pas assez compter sur les avantages
qu'ils leur procuroient dans l'ordre social,
pour que cet ordre ne fut jamais interverti.

Ils ont fagement éloigné toutes les caufes qui pouvoient diminuer ces avantages; mais ils fe font fur-tout appliqués à établir des peines pour contenir les actions, & les plus habiles ont employé des reſſorts différens, pour leur donner une tendance vers le bonheur de la fociété qu'ils créoient.

En ſuivant la chaîne des notions focia-les, qui nous font fournies par ces grands hommes, nous remarquons trois moyens biens fimples d'empêcher les crimes. Ces moyens agiſſent d'une maniere oppofée; il faut cependant qu'ils fe réuniſſent pour produire un effet complet: c'eſt la fageſſe des Loix, la crainte des châtimens & la perfuafion de la vertu.

Nous avons donc à examiner le fyſtê-me des Loix qui commandent, & celui des mœurs que le Légiſlateur doit tourner vers fon but. Nous allons revenir fur les mê-mes objets que nous avons enviſagés com-mes caufes des crimes, & peut-être trouvérons-nous le reméde à côté du mal.

LE corps politique ne se soutient que par les Loix. = Un édifice s'éléve ; c'est, si vous voulez, l'étonnement des yeux, le centre des commodités, le chef-d'œuvre de l'élégance. Mais si vous n'avez pas creusé bien avant dans la terre, si vous avez mal posé les premieres pierres, un vent souffle, & ce bel ouvrage n'est plus.

Des Loix qui aient vu de loin, qui résistent aux temps & aux orages, tout tient à cela. Mais quelles seront ces Loix ? Ce sont celles qui s'accordent avec le climat, la nature du sol, le caractère du Peuple ; celles qui sont fondées sur les sentimens inaltérables du cœur de l'homme.

C'est dans cet état, c'est dans celui-là seul, que l'homme aussi libre que la sûreté publique le permet ; tranquille par la société sans être trop contrarié dans les penchans de sa nature, faisant son propre bien en obéissant à la Loi, s'attache à elle de toutes ses forces & la respecte en la bénissant.

Vous qui criez fans ceffe que l'homme eft méchant, qu'il faut lui mettre un mord dans la bouche & l'agiter fous le fouet de la févérité; vous qui le rendez tel, qui du moins le faites malheureux, avez-vous jamais éprouvé, avez-vous jamais réfléchi à ce qu'il feroit, fi la Loi étoit toujours à fon propre avantage, & s'il trouvoit le bonheur dans l'enceinte que vous avez tracée autour de lui?

C'EST beaucoup que le corps entier des Loix foit bon, que la machine du gouvernement roule fans dérangement & fans réfiftance fur un plan uniforme. Mais les paffions travaillent fourdement à ruiner l'ouvrage de la raifon; il faut donc prévenir leurs efforts, les détourner, les rendre impuiffans. = Voilà le véritable art d'empêcher les crimes.

Vous voulez former des hommes généreux qui, en fe commandant à eux-mêmes, veulent moins ce qui eft bon à cha-

cun, que ce qui eſt utile à tous. Vous les
raſſemblez tous les ans dans une place immenſe, où s'élève ſeule la ſtatue noble &
impoſante de la liberté. Vous demandez
que cette troupe tumultueuſe ſe réuniſſe
pour ſe choiſir des Magiſtrats qui ſeront
les miniſtres & les exécuteurs de ſa volonté, tout-puiſſans par la Loi & ſes premiers eſclaves. Soutenez bien ces ſenti-
timens républicains dans cette multitude
impétueuſe & aveugle. Prévenez par toutes les meſures les factions, & craignez de
loin l'homme adroit & entreprenant, qui
a dit dans ſon cœur: Cette ſtatue ſi fière
s'abaiſſera & deviendra le trône ſur lequel j'ai réſolu de m'aſſeoir.

La conſtitution de votre état, ou les progrès que la ſociété a fait chez vous, vous
rendent le luxe néceſſaire; affermiſſez-vous
plus que jamais ſur votre ſol, multipliez
par-tout les points d'appui; vous êtes ſur
le ſommet des grandeurs humaines, vous
allez être pouſſés en tous ſens.

La nature chez vous devient-elle oiseuse & stérile ? Les hommes quittent-ils avec dédain leurs tranquilles foyers & ces plaisirs simples & vrais qu'on ne cesse d'aimer qu'en devenant indigne de les sentir? Les voyez-vous courir en esclaves fascinés après cette idole, qui agite fièrement une tête remplie de vent, sur un corps bizarrement parsemé de richesses, & qui, formé d'un limon destructeur, dévore la terre même qui le porte ? Le faste, ce dernier effort des vices de la société contre les sages institutions de la nature, commence-t-il à rétrécir leurs ames, à abaisser leur courage? Législateur prudent & attentif, ne perdez pas un moment, c'est l'hydre des vices qui vous menace ; coupez toutes ses têtes, & dites à ces hommes qui vont se roulant dans la bassesse & la frivolité :

Vous avez des richesses, & plus de désirs que de besoins ; les beaux Arts vous charment & vous sollicitent ; aimez tout ce qui est bon, mettez à profit tout ce

qui peut vous rendre heureux & grands;
mais ne vous égarez plus dans votre objet.

Déchirez avec ardeur le sein de la terre
qui renferme tous vos trésors; fouillez
sans cesse dans cette mine qui ne s'épuise
pas; qu'une industrie noble vous asservisse
toutes les nations, vous les servirez sans
les corrompre, sans qu'elles puissent se dé-
tacher de vous.

Jouissez, mais écoutez votre cœur plutôt que votre imagination. Pourquoi tant
d'agitation, d'étude & de soins? Repos,
santé, fortune, honneur, vous sacrifiez
tout pour saisir la fugitive volupté. Il semble que le vaste univers la récéle à vos désirs, que l'art ne saura jamais assez la multiplier, que votre cœur ne pourra la contenir. Épuisés enfin par vos efforts, vous
croyez qu'elle n'est qu'une vaine ombre
que votre poursuite même éloigne.

Insensés, ne le voyez-vous pas, la vanité
gonfle vos cœurs sans les remplir; la pointe
de vos vices repousse les plaisirs; le désor-

dre de vos paſſions les rend inſatiables. Laiſſez-là toute cette pompe qui n'eſt qu'ennui, tout ce rafinement qui n'eſt que l'art de deſirer plus & de jouïr moins. Revenez dans le ſein de l'aimable nature ; aſſeyez-vous à la table des mœurs ; connoiſſez-la une fois cette volupté que vous échappez ſi péniblement ; elle eſt dans les ſenſations que la ſageſſe avoue, dans l'eſprit qui connoît, dans l'ame qui ſe répand.

Mais vous êtes embarraſſés de votre opulence, & vous voulez la faire ſervir à votre gloire. Citoyens, qui ſavez ſentir & penſer, quel moment pour vous! Illuſtrez votre nation & vous même. Appellez l'infortune & les talens autour de vous. Méritez par vos bienfaits d'être pleurés par l'une & loués par les autres. Quel eſt votre partage. J'ai ſçu vouloir & amener le bien & c'eſt vous qui le faites ! Enfin recevez pour régle & pour modèle, ces deux mots qui vous rappelleront vos devoirs & vos véritables plaiſirs, le *beau* & *l'utile*.

Le grand point dans la Législation, comme dans la Médecine, c'est d'aller au-devant des maladies, c'est de leur opposer, lorsqu'elles se présentent, une résistance qui soit égale à leur force. Si vous voulez écarter de l'homme tous les vices & tous les crimes qui le tentent sans cesse, ne le livrez ni au malheur, ni au luxe, ni à l'ignorance. C'est celle-ci qui le dégrade, qui le fait abuser de tout, qui le rend aussi incapable qu'indigne d'obéir à de bonnes Loix.

Observez bien cet Être que vous voulez gouverner ; remarquez dans son cœur ces deux sentimens qui dirigent toutes ses pensées & tous ses mouvemens, l'amour du plaisir & la crainte de la douleur.

Faites que son plaisir soit où est l'intérêt général, & sa douleur où seroit le mal public. C'est dans ce sens qu'on peut dire que vous le perfectionnerez à mesure qu'il se dénaturera ; car par sa nature, il faut qu'il ne travaille que pour lui-même &

dans

dans l'état civil, il faut qu'il ne soit plus qu'une machine qui joue autour d'un centre qui lui est étranger. Toute l'économie de la société porte sur cet unique pivot.

Ne nous rassurons pas encore par tant de précautions. Le serpent des vices aura toujours de secretes intelligences avec le cœur de l'homme; & tandis que nous croyons le fatiguer devant les barrieres que nous lui opposons, peut-être il a déjà pénétré dans l'empire de notre vaine sagesse. C'est-là qu'il faut encore le poursuivre, jusqu'à ce qu'il ait fait tant de replis autour de lui-même, qu'il ne puisse plus remuer.

Il s'agit de faire ensorte que l'idée du crime ne se présente pas sans celle de la peine; que le coupable ne puisse ni trouver, ni espérer d'impunité; que son juste châtiment, en glaçant de terreur, annonce tout à la fois la sainteté, la vigilance & la rigueur de la Loi qu'il a violée.

Je vois déjà les gibets, les roues & les

D

tortures que l'on entaffe autour de moi.
Eh! laiffez-là, renverfez à jamais tous ces
inftrumens de la mort & de la douleur.
ce n'eft pas de fang, mais d'exemple que
nous avons befoin ; il faut punir & non
pas déchirer ; ce n'eft pas la vengeance,
c'eft la juftice que je vous annonce.

Pourquoi en effet des peines fi cruelles,
fi multipliées, fi rafinées? Sommes - nous
donc des tigres qui rugiffions fous la main
qui nous châtie? Ou fommes-nous d'une
telle impaffibilité, qu'il faille nous percer
de part en part pour que la douleur par-
vienne à notre cœur?

Si ceux qui ont fait ces Loix ont penfé
ainfi, ils n'ont connu ni l'homme, ni fon
cœur, ni l'afcendant de l'habitude fur lui.
Ils ne favoient pas qu'il fe familiarife avec
la mort & les fupplices, comme l'enfant
fe joue avec fon ombre qui l'épouvantoit
d'abord. Je vous ferois frémir, fi je vous
repréfentois les temps dans lefquels de telles
Loix pouvoient être néceffaires. Il me feroit aifé de prouver qu'elles font à la

(51)

longue auſſi impuiſſantes qu'elles ſont
odieuſes. Mais le ſentiment parle, qu'ai-je
beſoin de donner des raiſons?

Revenons au vrai, revenons à l'homme
& aux bonnes Loix. La ſociété fait naître
chez nous un ſentiment que la nature ne
connut jamais, un beſoin qui ſe mêle à
notre exiſtence, l'opinion. Il faut être ver-
tueux pour oſer rentrer dans ſoi - même ;
il faut le paroître pour oſer vivre. Quel
heureux aiguillon pour le bien ! Quelle ar-
me contre le vice ! Attachez cette terrible
proſcription que l'honneur a prononcé
ſur la tête du criminel, faites le boire juſqu'à la lie dans le calice de la honte. L'on
a vu des armées entieres qui ſe détrui-
ſoient, dans la crainte d'orner le triomphe
d'un vainqueur.

C'eſt une ſcience de diriger le ſentiment
de l'honneur, de l'appliquer, de le fortifier.
Il eſt la corde qui donnera le dernier degré
de préciſion à l'harmonie de la ſociété,
ſous la main d'un habile Légiſlateur. Mais
s'il étoit éteint, ſi le luxe & la miſere l'a-

voient étouffé..... alors le venin est dans le sang ; tirez le voile sur cet état ; il faut qu'il périsse..... ou que l'honneur renaisse.

Une peine sévère, mais qui s'adoucit suivant les circonstances & les personnes, ne produira jamais le même effet qu'une peine plus douce, mais qui frappe sans acception de personnes & sans modification.

Une peine qui se prolonge, qui renaît pour ainsi dire d'elle-même, est un meilleur exemple qu'une peine plus frappante, mais qui ne dure qu'un moment. L'impression qui se renouvelle est plus utile que celle qui creuse & s'efface. Sa foudre en éclats vous anéantit un moment sous l'effroi ; mais c'est la maladie qui consomme lentement vos forces, qui vous plonge profondément dans l'attente de la destruction.

Mais songez sur-tout, qu'il faut que vos Loix augmentent en célérité & en vigilance, à mesure qu'elles diminuent en dureté. Que penser de ces Loix mystérieuses & lentes, qui laissent échapper la moi-

ié des criminels; qui fouftraient les autres
endant des années entieres à l'avidité de
a vengeance publique; & qui ne les mon-
rent enfuite que pour en faire des objets
le pitié? On feroit tenté de croire qu'elles
hoïïiffent entre les coupables; qu'elles ne
ardent à les punir que par embarras; &
qu'elles craignent d'avoir à rougir en donnant leur fecret.

Concluons donc, fur cet important objet, qu'il faut que la juftice foit prompte,
fimple, & marche fans fe voiler; qu'il faut
que la peine foit tout à la fois, la plus efficace contre l'efpéce du délit, la plus douce
pour le criminel, la plus avantageufe à la
fociété.

Déja la fociété, dont j'ai tracé les progrès, a fait deux grands pas vers la perfection. Elle eft appuyée fur des Loix fages qui la préfervent des attaques des paffions, & les crimes n'y paroiffent plus que
pour y être bientôt abattus, & laiffer après
eux une longue mémoire de leurs courts

ravages. Cependant tout n'eſt pas fait encore; que le ſoin des mœurs, de l'éducation, de la religion, des vertus, ce doux ſein d'une main bienfaiſante, qui ne touche l'humanité que pour la polir & l'orner, vienne couronner notre ouvrage.

LES Loix peuvent bien tranſporter l'homme loin des précipices embellis du vice; elles peuvent l'entourer d'obſtacles, le charger de liens. Mais ſi ſon cœur entend encore la voix des paſſions qui l'appellent; ſi leur séduction coule encore dans ſon cœur; vos liens ſeroient de fer qu'il ſauroit les briſer, qu'il franchiroit tout pour aller tomber dans leurs bras. Légiſlateur, qui ne bâtiſſez pas pour un moment, travaillez donc ſur ce cœur, aſſoupliſſez-le ſous vos Loix, qu'il les aime afin de leur obéir mieux; en un mot donnez des mœurs à votre Peuple; voyez ce vaiſſeau qu'un vent propice emporte ſans violence; telle eſt l'impulſion des Loix préparées par les mœurs.

(55)

Voici la partie de votre tâche la plus
délicate, & la plus essentielle. Les mœurs
ne se commandent pas, elles s'inspirent ;
elles exercent un empire, mais elles n'en
reconnoissent pas ; elles s'établissent sur les
manieres, elles se fortifient par les exemples.

Souvenez-vous toujours que l'homme
est dépendant de ses sensations, & qu'une
idée n'arrive jamais mieux à son esprit que
lorsqu'elle y entre en image. Ordonnez
donc les formules du respect pour les choses que vous voulez faire respecter, &
soyez sûr que le genou ne pliera pas, sans
qu'incessamment le cœur n'éprouve un
sentiment (*). Mais sur-tout veillez sur les
premieres classes de vos citoyens ; car les
mœurs des dernieres ne sont jamais qu'une
communication de celles-là.

____

(*) Rien de plus beau, rien sur-tout de mieux entendu que cette Loi de Sparte, qui ordonnoit de se détourner devant une femme grosse ; & cette autre de la Chine,
qui veut que l'Empereur, à un certain jour de l'année,
laboure un sillon en présence de son Peuple, c'est ainsi
que l'on commande aux idées & aux sentimens.

Employez tout pour les diriger & les former; ce font peut-être les plaifirs, avant tout autre moyen, qui vous méneront à votre but. Voyez Sparte, cette honte éternelle de tous les Gouvernemens; c'é-toit par les plaifirs que les hommes y de-venoient citoyens; tandis que ce font eux qui par-tout les féparent de l'État, de leurs devoirs & d'eux-mêmes.

La belle conftitution que celle que les mœurs foutiennent! Elles élèvent l'hom-me, l'adouciffent & le confolent; elles étendent une chaine qui attache au bon-heur chaque individu qu'elles touchent; elles fe chargent des Loix, les portent à leur but & vont au-delà. Qu'y a-t-il de beau, de bon, d'utile, de durable dans une police qui ne foit l'ouvrage des mœurs? Mais qu'ofé-je entreprendre? Oublié-je qu'un Magiftrat qui penfe profondément, qu'un Orateur qui embellit tout ce qu'il touche a écrit fur les mœurs? Il faut le lire cet ouvrage d'éloquence & de vertu (*),

____

(*) Difcours fur les Mœurs de M. Servan.

& l'on aimera les mœurs, l'on se sentira délicieusement entraîné vers elles, mais on désespérera de les peindre.

La plus belle plante jettée au hazard sur le meilleur terrein, y perdra son prix & son éclat, si vous ne la placez dans le point qui lui est le plus favorable, si vous ne la cultivez avec soin, tandis qu'elle est tendre & souple.

Que pouvez-vous espérer des hommes si vous les laissez croître dans une lâche & stupide inertie? Mais ce n'est point encore assez qu'il y ait une éducation, il faut qu'elle soit bonne en elle-même, & qu'elle soit propre à l'État & aux hommes à qui elle est donnée (*).

(*) L'on ne s'est point encore assez occupé des rapports intimes des deux sciences les plus près de nous & les plus nécessaires, qui sont la Politique & la Morale. L'on ne sçait point encore, ou plutôt des hommes livrés au luxe & sans cesse emportés par des idées brillantes & nouvelles, ont oublié combien la pureté des mœurs & l'éducation, tant morale que physique, importent à la force & à la sûreté des États. = Ce n'est pas dans les beaux Arts seuls qu'il faudroit en revenir aux maximes des

ELLE doit créer des esprits justes dans des corps sains; elle doit mettre l'homme en état de supporter la douleur & le travail, d'obéir & de commander, de remplir sa place quelqu'elle soit; elle doit enfin faire des Républicains pour un État libre, & des Sujets fidels pour une Monarchie.

C'est ici le défaut trop évident des Gouvernemens modernes. Ils s'agitent avec étude sur des armées innombrables; ils ont élevé une vaste balance, dans laquelle ils se pésent sans celle; & sous prétexte de l'égalité, ils ne travaillent qu'à augmenter leur propre poids, tantôt par les négociations, quelquefois par le commerce & trop souvent par la guerre. Il semble qu'ils aient voulu porter toutes leurs forces aux extrémités. Cependant c'est le centre qui

---

anciens. = Les esprits qui aiment les développemens, s'appercevront que je glisse souvent sur de grands objets; mais outre qu'il n'appartient pas à tout le monde de dire de bonnes choses, même dans une matiere neuve, l'on ne peut pas tout dire dans un discours ni à l'occasion d'un discours.

s produit, qui les entretient, qui les dif-
tribue ces forces, c'est lui qu'il faut soi-
ner avant tout. Ayez des hommes ro-
ustes & généreux & vous deviendrez
ensuite riches & puissans.

LORSQUE les premiers bienfaiteurs de
l'humanité voulurent donner des Loix à
ces hordes de Sauvages assemblés dans
l'aridité des déserts & dans l'épaisseur des
forêts: ils se crurent obligés de prendre
les armes dans leur ignorance même.

Ils les enivrerent de chimères & d'illu-
sions. Ils créerent au-dessus d'eux des êtres
fantastiques , qui tantôt les menaçoient de
ces longs bouleversemens qui font pâlir un
être foible, tantôt daignoient leur donner
des leçons de paix & de bonheur. L'erreur
fut le premier aliment qu'ils leur présen-
terent, tant il est vrai, que l'homme dans
sa ferocité ne plie jamais mieux que sous
le bras qui se cache en le frappant, & qu'il
n'est véritablement esclave que des terreurs
de son imagination ! Mais cruelle extrémité

qui condamne à jamais un Législateur à
ne faire le bien qu'en trompant!

QUELLE est la force de la Religion
dans ses abus comme dans ses bienfaits!
Lorsqu'un imposteur l'a fait parler à travers les foudres & sur les ruines, elle glace
d'épouvante; elle retient invinciblement
sous un joug que l'on déteste.

C'est cette Religion de terreur, n'en
doutez pas, bien plus que les armes, les
supplices, la puissance & l'adresse, qui soutient l'affreux despotisme dans les plaines
de l'Asie. Sans elle ce monstre, qui ter-
rasse l'humanité devant un seul homme,
resteroit lui-même à jamais anéanti sous
l'ascendant de la raison.

Mais quel appui elle prête aux Loix &
aux Mœurs, combien elle adoucit, elle
étend leur empire, lorsqu'elle est digne du
grand Être dont elle remplit les desseins!
Parmi toutes celles que l'homme a créé
dans son orgueil ou dans sa folie, il en est
une, ouvrage de Dieu même, dont le nom

eul devroit porter dans tous les cœurs
une tendre vénération. Elle a ceint d'un
lien fraternel tout ce qui porte le nom
d'homme ; elle a promis consolation au
foible & justice au puissant ; elle a dit :
obéissez aux Loix, mais faites le bien qu'elles n'ont pas commandé, parce que c'est
moi qui lis dans l'obscurité des cœurs &
qui récompense dans l'éternité des temps ;
elle a environné toutes les ames de l'image
douce & terrible de la Divinité.

Princes & Sujets, vous tous qui détes-
ez le crime, ou qui craignez d'en être les
victimes, je vous le demande, est-il un
moyen plus sûr de le déraciner du milieu
de vous ? Aimez-la donc cette sainte Re-
igion ; fortifiez-la, non par le fer qui la
blesse elle même, mais par vos exemples,
mais par l'hommage sincère de vos cœurs.

Aimez Dieu & les hommes, telle est
toute la Loi, a dit votre divin Législateur ;
ne vous écartez jamais de cette auguste
parole. Gardez-vous de vous enfoncer
dans des obscurités redoutables. Anéantis-

fez-vous fous la Majefté d'un Dieu qui vous cache des vérités qui ne font pas faites pour un efprit fini. Songez que c'eft toujours, lorfque la Religion fe perd dans l'abime des vices, que l'on fe livre à ces téméraires fpéculations; fongez fur-tout, vous qui les combattez trop, que c'eft un temps perdu pour la morale, pour les vertus, pour l'effentiel de la Religion.

Aveugles & ingrats que nous fommes! Sans ceffe affiégés par les vices, & toujours impuiffans à les détruire par nos vaines inftitutions, nous les reprochons à Dieu même, tandis que nous négligeons la mere fenfible & févère qu'il a placé au milieu de nous, pour nous en détourner par de fages confeils ou par un falutaire effroi. Le beau fpectacle que celui d'un homme éloquent, développant dans une noble fimplicité les paroles de la Divinité! Oui, nous ignorons tout ce que la Religion a d'impofant & d'attendriffant pour le cœur de l'homme.

Les crimes bouleverſent la ſociété, & la ſociété s'eſt armée contr'eux. Elle les contient par des châtimens auſſi prompts que ſévères. Mais les vertus qui la ſoutiennent, qui la défendent, qui la parent dans ſes brillantes époques, naîtront-elles donc ſans qu'on en échauffe l'heureux germe? Viendront-elles enfin jetter ſur l'eſpéce humaine quelques éclats d'une lumiere douce & céleſte, ſans recevoir un juſto tribut de reſpect & d'admiration?

Je le ſais, & je vais le dire, s'il y a quelque choſe qui ſe ſuffiſe à ſoi-même, c'eſt la vertu, c'eſt ce noble deſir de ſe plaire dans ſa conſcience, de mériter un moment l'attention de l'Être des Êtres, en ſe plaçant ſans ceſſe ſous ſon regard immenſe.

Mais voyez combien vous rétréciſſez la carriere qu'elle auroit embraſſée par l'appas des récompenſes! Le bien public l'appelle, il ne ſonde point dans ſes motifs, il s'empare de ſes effets, il en fait ſa reſſource & ſon appui.

C'est encore ici, il faut l'avouer, que nos Gouvernemens modernes s'ouvrent, pour laisser voir le vice intérieur qui nuit à leur croissance. Quelle communication trouvez-vous entre les bonnes actions & la puissance qui pourroit les multiplier? Par quelle route iroient-elles chercher le prix qu'elles ont mérité & que peut-être elles attendent? Elles paroissent au milieu de nous, comme ces fleurs que les dernieres chaleurs produisent dans les lieux sauvages; elles y sont rares & dédaignées.

Il faut encore rappeller les exemples anciens, ces exemples qui ne font plus que nous étonner. Quel étoit le principe des grandes choses dans cette République, qui a eu des commencemens si petits & une prospérité si vaste, si soutenue, sous laquelle l'univers s'est senti affaissé? C'est une cérémonie, une spectacle, une récompense; c'est ce char de triomphe qui ramenoit un vainqueur au milieu de ses compatriotes, & qui le déposoit à son

humble

humble habitation, où ses mains glorieu-
ses reprenoient le soc de la charrue.

Tout acte de vertu est un titre de
gloire pour une nation, un triomphe remporté sur le vice, une palme d'émulation
plantée au milieu des Citoyens. Que les
Magistrats le proclament, qu'ils en conservent la mémoire, qu'ils l'enracinent & le
fécondent dans les cœurs par leurs tou-
chantes exhortations.

Le Souverain est encore plus fait pour
le sentir que pour le récompenser. Qu'il
lui soit donc porté comme le plus beau
fruit de son régne ; qu'il aille réjouir sa vue
& le consoler au milieu des soucis & des
entraves de la grandeur.

Ah ! pourquoi, (& ne seroit-ce pas à
la fois l'honneur & la félicité d'un Empire) pourquoi les places ne sont-elles pas
toujours le digne appanage de la vertu ?
Pourquoi ne faut-il pas dans tous les pays
avoir fait quelque chose de noble, d'utile
& de grand pour les obtenir ? Les Princes

E

qui desirent & aiment nécessairement les
gens de bien, seroient-ils condamnés à les
voir sans cesse écartés d'eux? Des Loix ne
pourroient-elles pas faire que l'intrigue &
la faveur tourneroient contre ceux qui les
employeroient, & que la vertu simple &
modeste trouveroit un sûr passage?.....
Qu'au moins la gloire l'accompagne toujours, & qu'elle emprégne des plus brillantes couleurs sa trace respectable.

Qui n'a pas senti palpiter son cœur
sous le sentiment de l'honnêteté & du
beau, a l'idée de cette fête aimable, où la
pudeur timide & satifaite reçoit une couronne, un ruban & une dot des mains de
celui qui étoit son Seigneur & qui devient
son pere? Pourquoi n'a-t-on pas multiplié
de pareilles institutions? Pourquoi chaque
ville, chaque village, chaque corps n'a-
t-il pas un moment où il puisse espérer de
voir la gloire sourire à la vertu?

Beaux jours de ma Patrie! jours char-
mans dont le souvenir nous enchante en-

core, où nos galans, nos braves Cheva-
liers juroient aux pieds de la beauté de
remplir toujours les devoirs de la loyauté
& de la valeur; où ils se retiroient contens
d'emporter sa livrée; où ils faisoient tant
de merveilles pour obtenir la moindre des
faveurs! ne reviendrez-vous jamais pour
nous apprendre, combien tout ce qui est
appareil & cérémonie attache les yeux &
les cœurs, & combien la vertu gagne à
être embellie & exhaltée !

Observez bien que l'or ne se mêle jamais parmi ces palmes & ces lauriers, qu'il
s'éloigne toujours de ces augustes spectacles. Si vous voulez savoir ce qu'il fait
faire, voyez-le servir de prix à la délation,
à la fourberie, au brigandage. Il semble
que par un secret rapport, tout ce qui se
fait en vue de ce métal corrupteur, est
impur, comme il l'étoit lui-même dans les
entrailles de la terre.

En un mot, si vous voulez compter
chez vous plus de vertus que de vices,

allez au-devant d'elles, protégez-les, en-
couragez-les, mais récompenſez-les avec
de l'honneur.

C'ᴇsᴛ ainſi que j'ai cru voir que tout ſe
tenoit dans l'ordre des faits comme dans
celui des idées ; que j'ai cru ſentir que ſi
chaque crime dans la ſociété ne ſortoit pas
uniquement d'un des abus de cette ſociété,
il ne ſe répandoit, il ne devenoit un grand
mal que par lui, & qu'il m'a ſemblé qu'en
remontant à la ſource, l'on pouvoit ſe rendre maître du cours des choſes.

Lᴀ prévoyance des Loix peut empêcher le malheur public ; le luxe, qui n'a
pourtant jamais amené que la chûte des
Empires, pourroit ne point favoriſer les
vices ; l'éducation peut en empêcher la
fermentation & en arrêter les progrès ; les
Loix les repouſſent ; la Religion les proſ-
crit & parle quand les Loix ſe taiſent. Les
récompenſes bien appliquées & bien dif-
tribuées, détournent les idées de tout ce

qui eſt vil & honteux, pour les porter vers tout ce qui eſt reſpecté & tout ce qui doit l'être.

Cette matiere s'eſt étendue ſous mes regards à meſure que je la conſidérois, & je m'apperçois que je n'ai fait que l'effleurer. Si j'écoutois plus mon zèle que mes forces, ſi pour vouloir ardemment le bien de mon pays, je me croyois capable de l'inſtruire, je préſenterois ici mes idées ſur nos mœurs, notre éducation, quelques effets particuliers de notre luxe, & il faudroit alors faire un ſecond livre.

Je m'arrêterois ſur-tout ſur pluſieurs Loix à créer ou à changer; mais tout m'annonce que nous touchons enfin au moment d'une heureuſe révolution dans cette partie. Je me plais à former ce préſage au milieu des lumieres que nous acquérons de toutes parts, & de l'exemple des autres nations.

Nos mœurs ſe dépravent ſans doute; le ſiécle du génie eſt paſſé. Mais jamais on n'a éprouvé une plus noble vigueur contre les préjugés ; jamais on n'a été moins effrayé de la difficulté & même de la chimère des projets utiles. Chaque âge a son mérite & son titre pour la gloire.

S'il étoit vrai que les Sciences & les Muses ne fussent que des voyageuses adorées, mais incapables d'être fixées ; si le jour étoit en effet si près de la nuit, hâtons-nous, mettons à profit le moment présent. Que le soleil de la Philosophie ne se couche pas sur nous, sans y avoir fait naître une bonne Législation criminelle. Que nous puissions montrer aux siécles à venir, comme notre consolation & leur modèle, ce bien durable, ce bien qui nous dédommageroit de la perte des autres (*m*).

Lû à la Séance publique de l'Académie de Nancy le 8 juin 1774.

(*m*) Voyez la derniere note.

NOTES.

(a) IMPERFECTION DES LOIX. " Il fem-
„ ble, dit un Écrivain de nos jours , que juf-
„ qu'ici notre Législation criminelle, comme
„ ces monftres effrayans que l'on craint même
„ de détruire , ait été reléguée dans un fort
„ impénétrable, d'où cependant il lui eft per-
„ mis d'affliger l'humanité.

Le vafte amas des Loix, apportées par les
Barbares du Nord, ou nées dans des temps de
ténébres, fubfifte encore au milieu d'un Peuple
qui fe dit poli & éclairé. On fait que Louis
XIV, dont le nom feul rappelle le plus brillant
des fiécles & les plus beaux établiffemens, a
donné une Ordonnance pleine de fageffe fur
la Procédure criminelle. Il eft bien malheureux
que dans une matiere auffi effentielle, l'on ne
foit pas remonté plus loin qu'à la forme. Cet
effai d'ailleurs, fi digne cependant de fes immortels Auteurs, n'eft pas exempt de défauts. Il ne
m'appartient pas de les relever ; mais j'oferai
dire que l'on n'atteindra jamais la perfection
fur cet objet, fans emprunter le fyftême entier
des Loix de l'Angleterre, en en rejettant ce qui

est propre à un Peuple à qui nous ne pourrons ni ne devrons jamais ressembler. Les principaux points de cette belle Législation sont, 1°. présomption pour l'innocence jusqu'à la conviction du crime, d'où traitement humain pendant l'instruct.on & toute facilité pour opérer la justification. 2°. Aucune négligence & la plus grande simplicité dans la Procédure. 3° Précaution contre la surprise ou l'erreur, d'où interrogatoire public & publication du jugement avant son exécution.

(*b*) ESPRIT DES LOIX. = M. de Montesquieu. = Il a établi le grand principe de la proportion entre les peines & les délits; il a fait une distinction lumineuse des différentes espéces de crimes. (Mais celle de M. le Marquis de Beccaria, Auteur du Traité des Délits & des Peines, est plus complette & mieux vue). Il a relevé de mauvaises Loix; il en a indiqué de bonnes à faire. Il a sur-tout attaqué, avec cette ironie d'un cœur sensible & revolté qui lui est propre, l'usage barbare de la question. = Il a encore été surpassé sur ce point par M. le Marquis de Beccaria.

(*c*) TRAITÉ DES DÉLITS ET DES PEINES. = Tout est étonnant dans cet ouvrage jusqu'à fa précifion. C'eft un Livre de deux cents pages qui a analyfé les vrais principes de la fociété ; qui a établi fur une bafe jufqu'alors inconnue, le fondement du droit de punir ; qui a fait découler de cette vérité nouvelle une foule de conféquences juftes & étendues ; qui a préfenté tous les abus & tous les défordres qui réfultent des mauvaifes Loix ; qui a excité dans toutes les ames un frémiffement utile, en parlant de la torture & de la peine de mort , prodiguée dans certains pays *avec une attrocité froide ;* qui a enfin ébauché le modèle d'une Légiflation douce & humaine ; jufte parce qu'elle accorde la peine avec le délit, & efficace parce qu'elle inflige à propos un châtiment modéré, mais inévitable.

(*d*) M. S e r v a n, ancien Avocat - général du Parlement de Grenoble. = Il eft connu par plufieurs ouvrages relatifs à fes fonctions. Le premier eft un *Difcours fur l'adminiftration de la Juftice criminelle,* prononcé devant le Parlement. = Je ne crois pas devoir me défier d'un enthoufiafme juftifié par la voix publique ; mais j'oferai dire que notre fiécle ne peut fe vanter de rien de plus beau dans ce genre. Le fecond des ouvrages de M. Servan, eft un *Plaidoier*

dans la cause d'une femme protestante. = Si l'é-
loquence consiste à faire passer par le cœur tous
les raisonnemens que l'on destine à l'esprit ; à
intéresser toutes les ames sensibles & honnêtes à
sa cause ; à étouffer la voix du préjugé avant
qu'elle se révolte ; à lier à son objet les questions
les plus importantes ; à jetter par-tout des coups
de lumiere quand on n'a pas le temps d'appro-
fondir ; à séduire & à charmer en ne paroissant
que vouloir persuader ; à être toujours vrai &
naturel dans le style le plus brillant & le plus
harmonieux, il faut placer cet ouvrage parmi
les plus éloquens.

Le troisiéme est un *Discours sur les Mœurs.*
L'imagination la plus brillante, jointe à la sensibilité la plus vive, caractérise celui-ci. Il renferme une foule d'idées neuves & profondes,
dont les Moralistes de tous les siécles auroient
été glorieux (*).

Le quatriéme est un long Plaidoier dans une
affaire fameuse. = C'est ici un exemple effrayant
de l'injustice du Public, quelquefois aussi cruel
qu'intraitable dans ses préventions, & de l'ins-
tabilité de sa faveur. Qui croiroit que c'est un
Magistrat encore plus respectable par ses vertus

____

(*) Voyez dans la seconde partie de l'ouvrage, p. 56.

que par ſes talens, juſqu'alors auſſi admiré que chéri, l'homme qui ſait le mieux manier les eſprits & déſarmer les paſſions: qui croiroit que c'eſt ce Magiſtrat orateur qui a été inſulté, calomnié avec indignité, & cela dans ſes fonctions même, dans la cauſe des mœurs & de toutes les familles, dans un diſcours où il oppoſe à chaque inſtant des raiſons triomphantes à une cabale plus aveugle encore qu'emportée.

Il eſt vrai qu'on lui fait un crime de ne pas ſuivre les voies ordinaires; qu'on lui reproche de ne pas mettre en balance, pendant la moitié de ſes diſcours, des raiſons qui ne peuvent être d'un poids égal. L'on devroit au moins tenir compte à M. Servan de ſa droiture, & pardonner à un homme de génie d'avoir ſa maniere. = Une trop juſte ſenſibilité lui a fait dépoſer ſes fonctions ſur le mauvais ſuccès de cette affaire.

(e) Je ne crois pas être outré dans mon opinion; je ne l'ai pas puiſé chez ces Moraliſtes qui ont plus d'humeur que de raiſon; mais je me crois autoriſé par l'expérience de tous les ſiécles à dire ceci du luxe:

Après l'objet des premiers beſoins remplis, il eſt l'excédent des forces d'une ſociété employées à se procurer les choses agréables; il est le désir naturel du mieux être dans chaque Particulier; il est le reméde à l'inégalité, dont la propriété est la mere; il est le moyen par lequel l'industrie s'assujettit les richesses; il est le canal par lequel celles-ci circulent dans les différentes classes; il est une suite nécessaire du commerce; il est le lien des nations.

Voilà ces causes; voici ses effets dans tous les Pays & dans tous les Empires.

Il énerve les corps; il méne les esprits à la futilité; il fait naître les beaux arts, il les étouffe ensuite; il anime l'industrie, mais il la borne à ses objets; il adoucit les mœurs & bientôt il les corrompt; il donne des jouissances & il prive du bonheur; il fait que le Riche augmente en abondance & le Pauvre en misere; il ne produit pas une vertu, & il fait naître une foule de vices.

(ƒ) ÉDUCATION. = Combien on a dit de chose, combien il en reste à faire sur cet important objet! Je ne m'occupe que de la partie des mœurs, & je dis que dans nos Écoles publiques, elle n'est point assez tournée de ce côté-là, & qu'elle est presque nulle pour le Peuple.

Une vérité effrayante, mais que l'expérience

ne confirme que trop va m'échapper, c'est que le Peuple n'a plus de morale. Autrefois sous l'humble toit de l'Artisan, dans cet asyle de la médiocrité & des mœurs, l'exemple d'un pere étoit une leçon toujours vivante, toujours efficace. Aujourd'hui cette médiocrité ne suffit plus ; le fatal desir de briller a gagné toutes les classes, & l'on croit avoir assez fait pour l'honneur quand on évite la punition des Loix.

(†) Premiere Loi des humains, toi qui dans tous les pays & dans tous les climats devois être la source des consolations, la base de toute morale, paisible Religion, est-ce bien toi que les hommes ont baignée dans le sang, qu'ils ont fait ambitieuse & cruelle !

Oui, sans doute, nous avons profané la Religion, & tous les jours n'en abusons-nous pas encore ?

Rappellez-vous ces guerres terribles qui souillent l'histoire de presque toutes les nations, où le nom sacré de Dieu étoit le signal du carnage & de la mort. Rappellez-vous ces ligues sanglantes, ces haines qui se succédoient avec les générations , & ces querelles qui ont agité les États mêmes pour des opinions. Voyez dans des temps qui ne sont point encore loin de nous cette rage d'asservir à sa pensée, sans avoir parlé ni au cœur ni à la raison, & ce tribunal affreux qui éclairoit les ames avec des torches ardentes. Voyez sur toute la terre ce monstre effrayant qui, un poignard dans une main, un livre saint dans l'autre , se promène dans un morne silence. Il foule sous ses pieds la nature & les loix. Il souffle dans tous les cœurs une fureur de meurtre & de dispute

Voyez aussi le Peuple laisser-là le préceptes de la Divinité, les maximes de la sagesse & de la vertu, pour se jetter dans des pieuses extravagances. Voyez-le s'agiter en insensé sous le manteau de la superstition & devenir tout à tour le jouet du fourbe & l'instrument de l'ambitieux ; voyez-le sanctifier certains crimes & se les permettre tous, dans l'espérance de les expier par des cérémonies & des pratiques.

Précieuse Philosophie (*) ! toi dont l'on a abusé & que l'on a encore plus méconnue, l'on t'accuse d'avoir conduit quelqu'esprits téméraires à l'erreur, & des hommes sévères te maudissent. Mais tu ne peux être l'ennemie d'une Religion qui est venu dissiper les ténébres des autres, & enseigner des vertus nouvelles.

Ah ! reste toujours parmi nous ; éloigne, éloigne sur-tout ces temps de démence & d'horreur, où le fanatisme perçoit le cœur du meilleur des Princes, & armoit la Patrie contr'elle-même ; où les Loix s'avilissoient & se déshonoroient ; où elles allumoient des buchers pour punir les rêves de la folie. Ne t'effraye pas des cris de l'ignorance, & laisse frémir l'envie ; l'une passe & l'autre qui ne se lasse pas, sera bientôt réduite à ronger son frein.

(g) Il s'est répandu de nos jours une manie orgueilleuse & ridicule ; elle consiste à tout déprimer, à tout fronder ; à proposer des absur-

***

(*) Voyez la note (g) qui suit.

dités comme les résultats de la science ou les inspirations du génie; à s'envelopper d'un jargon scientifique & inintelligible; à jetter avec appareil devant soi les mots sacrés de *vertu &* *d'humanité*, tandis qu'on les outrage ou qu'on les flétrit; à dogmatiser où il faut douter; à raisonner où il ne faut que sentir. Elle avoit gagné les sciences, les arts, les spectacles & les cercles. Ce triste délire n'a eu qu'un temps; chaque temps a le sien.

La Philosophie utile, dont l'on parle, c'est cet esprit de lumiere, d'ordre, de courage & de bienfaisance, qui appartient plus particuliérement à notre siécle. Il sert la vertu, dont il affermit les principes; il sert les arts qu'il éclaire & qu'il anime; il peut servir sur-tout la Législation qu'il ramène sans cesse vers le vrai & l'utile; c'est celui des Buffon, des Montesquieu, des d'Alembert, &c. ces Écrivains immortels en sont les héros, d'autres en sont les bouffons.

(*h*) JE crois devoir placer ici une réflexion qui peut jetter quelque jour sur une question singuliere, qui est née dans notre siécle.

Un grand génie qui sait donner du poids au sophisme même, a remarqué que chez quelques nations le temps de l'ignorance avoit été

celui du bonheur, & que celui des lumieres
avoit été celui du luxe; & il a dit : la félicité
marche toujours sans les lumieres, c'est le luxe
qui les produit , & un mauvais arbre ne produit pas de bons fruits.

Ce grand génie, j'oserai le dire, n'a ni bien
vu ni bien conclu. = A Rome , à Athenes, à
Sparte, dans les beaux momens de ces Républiques, on n'étoit point sans connoissances ;
c'est au contraire parce qu'on étoit très-avancé
dans la science des mœurs & du gouvernement,
que l'on faisoit de grandes choses, & que l'on
étoit heureux.

Les lumieres & le luxe naissent presque toujours ensemble, à la vérité, mais ils ne naissent
pas l'un de l'autre. (J'entends parler du luxe
mauvais, car il doit y en avoir un bon). = Lorsque les états ont acquis une certaine consistan-
ce, le principe de vie qui leur a donné le dernier degré de vigueur se répand au dehors;
alors on s'occupe des sciences & bientôt du
luxe. Les unes éclairent, annoblissent & servent
l'humanité, & l'autre va la dégradant & pré-
parant de loin la chûte des Empires. Mais les
premieres pouvoient répandre leurs utiles pré-
sens, avant que le second vint les infecter, com-

me celui-ci pouvoit paroître avant les sciences, & retarder encore davantage l'instant de leur aurore. Mettez des lumieres dans l'institution brillante & généreuse de la Chevalerie, & vous n'aurez que le ridicule de moins. Portez y notre luxe, & vous n'aurez que des folies sans noblesse & sans énergie. Rome au temps des Camille & des Caton, n'auroit été que plus grande & plus humaine pour avoir connu un peu de Physique, de Mathématiques & d'Astronomie ; pour avoir entendu Ciceron & Virgile, & pour possédr un Tacite qui pût la voir, la juger & la peindre.

(i) MAUVAISES LOIX. = Je vais donner quelques exemples des Loix dont j'ai indiqué les vices. Celles qui pourroient nous appartenir ont déjà excité la réclamation des Magistrats & des plus beaux Génies.

Cette Loi-là est contraire au but d'une bonne Législation, qui punit l'homicide & qui récompense la main sanglante qui apporte une tête proscrite. Elle diminue l'horreur pour le même crime qu'elle châtie ; elle invite à la lâcheté par l'appas de l'argent.

Cette Loi-là corrompt les mœurs & allarme

(83)

l'innocence, qui reçoit une délation , sans que le délateur soit connu.

Cette Loi-là multiplie & familiarise avec les faux-sermens, qui ordonne à un accusé de se condamner lui-même. C'est lui dire: la nature veut que tu te défendes, je sais qu'elle sera la plus forte; mais je veux que tu avoues un crime qu'il t'est impossible d'avouer, ou qu'au moins tu te parjures devant Dieu.

Cette Loi-là étoit mauvaise & rapprochoit un petit & un grand délit, qui traitoit également de crime de lèze-majesté l'insulte faite à l'Empereur & celle faite à sa statue.

Ces Loix sont mauvaises , elles inspirent l'attrocité & l'horreur qui infligent la mort pour des faits de police; qui punissent sur de simples soupçons; qui accumulent tous les tourmens avant la mort, qui est le dernier & le moindre.

Cette Loi-là ne peut-elle pas faire des assas-sins, qui ne distingue pas entre voler & ne pas tuer, & voler & tuer?

Cette Loi-là ne peut-elle faire naître le crime qu'elle a voulu éviter, qui presse la pudeur en-tre la mort & la honte?

(*1*) Causes des Crimes. = Fin de la premiere partie.

L'on n'a préfenté ici que les caufes qui ont produit les grands crimes dans tous les fiécles & dans tous les Gouvernemens. On a cru qu'il falloit toujours commencer par généralifer un fujet ; cela fait que lorfque des efprits plus forts & plus étendus veulent le traiter, ils ont du moins à dire les chofes communes, cela peut faire auffi que l'on voit mieux dans les détails.

Il y a peut-être autant de caufes particulieres des crimes dans chaque nation qu'il y en a de générales ; c'eft celles-là fur-tout qu'il faut développer, fi l'on veut travailler utilement. Un Médecin perd fes foins auprès d'un malade s'il n'attaque pas les maladies qui lui font propres.

Mais c'eft encore mieux fait de s'attacher aux remédes. La plus petite guérifon fait plus d'honneur que la découverte d'une foule de maux. Il y a peut-être des moyens d'arrêter certains crimes, de réformer de grands abus, qui font plus près de nous que nous ne penfons. Il ne s'agit fouvent que de donner plus d'activité à telle inclination d'un Peuple, d'en mo-

(85)

dérer une par une autre, de faire à propos
quelques Loix simples & relatives aux circonstances, d'en renouveller même d'oubliées; car
ce qui s'est fait, éclaire encore plus les hommes
que ce qui s'est dit.

On sera peut-être étonné de ne pas trouver
parmi les causes générales des crimes, l'oisiveté,
qui fait certainement dans tous les pays la plû-
part des scélérats & des fripons. Mais dans
notre maniere d'envisager ce sujet, l'oisiveté
n'est plus qu'une cause seconde. Elle dérive des
mauvaises Loix civiles, de la trop grande inégalité des fortunes, des mauvaises mœurs, d'u-
ne police mal administrée ou mal conçue, des
vices de l'éducation, &c.

(*m*) Tout honnête homme qui écrit doit
avoir un but utile. Le seul que l'on puisse s'être
proposé dans cet ouvrage, c'est d'amener les
bons esprits sur un objet aussi important que
long-temps négligé. Mais arrêtera-t-il un seul
crime ? Occasionnera-t-il une réforme nécessaire? Il y a bien de quoi rabattre la petite vanité d'un auteur dans cette réflexion. Gens médiocres, croyez-moi, restons à notre place; ne
sortons pas de de nos devoirs & de nos occu-

pations pour inonder le Public d'une foule d'écrits qui font au moins inutiles. Si nos amis font indulgens, il a droit d'être févére. N'attachons pas au moins des prétentions ridicules aux fruits de nos loifirs & de notre goût pour les Lettres, qui honore lorfqu'il n'égare pas. Cherchons la gloire de la vertu qui eft faite pour tous les hommes, & fouvenons-nous toujours qu'après tout, une bonne action vaut encore mieux qu'un bon Livre.

F I N.

ERRATA.

Page 4, dern. lig. la partie la plus noble ; *mettez une virgule en place du point-virgule.*

Pag. 6, lig. 4, quelqu'idées, *lisez* quelques idées.

Idem, lig. 5, quelqu'autres, *lisez* quelques autres.

Idem, lig. 13, consacré, *lisez* consacrées.

Pag. 7, lig. 13, surpassé, *lisez* surpassée.

Idem, lig. 1re. de la note, Becharia, *lisez* Beccaria.

Pag. 8, lig. 4, majestueuse, *lisez* majestueuses.

Pag. 9, lig. 4, *des les détruire*, lisez *de les détruire ;*

Pag. 11, lig. 18, sera détudier, *lisez* sera d'étudier.

Pag. 20, lig. 19, vint à changer, *lisez* vient.

Pag. 23, lig. 11, ce confond, ce dégrade, *lisez* se confond, se dégrade.

Pag. 29, lig. 1re. Premiere Loix, *ôtez l'x.*

Pag. 33, lig. 2, annoncé, *lisez* annoncée.

Pag. 34, lig. 2, favoriseroiens, *lisez* favoriseroient.

9 782019 626037